課程地圖
統整課程與幼稚園到十二年級的評量

作者：Heidi Hayes Jacobs

策劃與校閱：盧美貴

譯著者：盧美貴、謝美慧、許明珠
　　　　昌志鵡、郭家華、陳盈詩
　　　　陳青怡、姜孟婕、詹喬雯

Mapping
the Big
Picture

Integrating Curriculum & Assessment K-12

Heidi Hayes Jacobs

作者簡介
—Heidi Hayes Jacobs

 　　Heidi Hayes Jacobs 擔任許多學校和國際性、全國性教育組織的顧問。她自 1981 年起開始擔任哥倫比亞大學教育學院「課程與教學」專業科目的副教授。她的專書：《跨學科的課程：設計與應用》（*Interdisciplinary Curriculum: Design and Implementation*）是 ASCD（Association for Supervision and Curriculum Development，課程發展與視導協會）的暢銷書籍。她的著作曾經在許多系列的電視節目中介紹，和刊載於多種專業的期刊裡，其博士論文是在 1981 年於哥倫比亞大學教育學院中完成。目前與先生和兩個小孩住在紐約的 Westchester（西赤斯特）鎮。您可透過以下的電話號碼與 e-mail 與她取得聯繫：

Curriculum Designers, Inc.

914-921-2046

e-mail: curricdes@aol.com

譯著者簡介

✎ 策劃與校閱

盧美貴 教授

- **學歷背景**

  國立臺灣師範大學教育研究所教育學博士

  考試院教育行政高考及格

- **重要經歷**

  現任致遠管理學院講座教授兼幼教系所主任（所長）

  國立嘉義大學幼教所、國立暨南大學比較教育研究所兼任教授

  臺北市立教育大學兒童發展研究所教授，以及幼兒教育系教授兼任系主任

  經常應美英港澳及大陸等地幼教學術研討會發表論文以及專題演講

  臺北市政府教育委員會顧問、東莞臺商子弟學校文教董事

  香港中文大學教育學院校外口試委員

- **重要著作與研究**

  2006 年 《幼托整合後教保員專業課程研究》。教育部專案。

  2005 年 《多元智能本土化課程研究》。國家科學委員會專案。

  2005 年 《幼兒教育概論》（二版）。臺北：五南。

  2003 年 《幼兒教育課程發展理論與實務》（譯）。臺北：學富。

  2002 年 《我國五歲幼兒基本能力與學力指標之建構研究》。教育部專案。

  1995 年 《夏山學校評析》。臺北：師大書苑。

1991 年 《開放教育》。臺北：師大書苑。

1991 年 《開放式幼兒活動設計》。臺北：心理。

✎ 譯著者團隊

謝美慧 助理教授

• **學歷背景**

國立臺灣師範大學教育研究所教育學博士

國立暨南大學比較教育研究所碩士

• **重要經歷**

現任國立嘉義大學幼兒教育系助理教授

私立長庚大學幼兒保育系助理教授

• **重要著作**

2002 年《幼兒教育券——理論與實踐》。臺北：師大書苑。

2001 年《幼兒的人際關係——改善幼兒在校同儕關係》（譯）。臺北：桂冠。

許明珠 園長

• **學歷背景**

國立屏東教育大學教育行政博士生

臺北市立師範學院國民教育研究所幼教教學碩士

• **重要經歷**

現任臺北市立育航幼稚園園長

桃園縣私立育林幼稚園、臺北市內湖區華泰幼稚園教師

臺中縣中信托兒所教師兼主任

臺北市成德國民小學附設幼稚園教師兼園長

臺北市政府教育局國民教育輔導團幼兒教育小組輔導員
臺北市教師研習中心「幼稚園戲劇教學」研習班講師
私立長庚技術學院及德育技術學院兼任講師

- **個人優良事蹟**

榮獲 1995 年師鐸獎
榮獲臺北市立師範學院第 14 屆傑出校友獎

昌志鵠 資訊師

泓昌科技有限公司資訊工程師
勞委會泰山職訓局電腦網頁設計講師
兆福企業有限公司資深電腦顧問工程師
國立臺灣師範大學圖文傳播學系研究所碩士生

姜孟婕

國立臺中師範學院幼兒教育系學士
國立嘉義大學幼兒教育研究所碩士

郭家華

國立屏東師範學院幼兒教育系學士
國立嘉義大學幼兒教育研究所碩士

陳青怡

私立嘉藥科技大學幼兒保育系學士
國立嘉義大學幼兒教育研究所碩士

陳盈詩

國立屏東師範學院幼兒教育系學士

國立嘉義大學幼兒教育研究所碩士

詹喬雯

私立靜宜大學企業管理系學士

國立嘉義大學幼兒教育研究所碩士

臺北市立教育大學課程與教學研究所博士生

教師群

何嘉盈、李丹薇、李珮甄、李　榛、林春蘭、

姚宛均、袁小梅、張秀琴、張瑞玲、莫運如、

陳巧玲、陳杏芳、湯怡頌、楊碧蓮、楊繼敏、

劉麗毓、潘彩玉等教師。

校閱序

　　學校本位課程是一種「強調參與、草根式的課程發展，是一種重視親師生共享決定與創造學習經驗的教育哲學」。上下「唪」與「啄」的親師生共同協力支持，才是學校本位課程發展成功的動力。在一片學校教育改革聲浪之中，瞭解目前我國社會有關「權力的再建構化」、「知識的再概念化」，以及「學校文化的再生」等三方面的現況，將有助於學校的重建與革新工作。

　　就「權力的再建構化」而言，傳統課程發展是由上而下的模式，教育行政人員、學者、專家往往成為主導課程的力量，其權威性是不容挑戰的。因此歷年來課程改革僅是在授課時數的增減、教學科目的分與合打轉，大都是技術層面的問題，較少有根本性的改革。因此，在課程發展最下層的教師就成了課程或教材的消費者，長久以來便形成「上有政策、下有對策」的疏離。因此從理念課程到實踐課程間，無形中就喪失了許多的「原味」，所謂全國統一的課程標準常是「具文」的參考文件，教育改革也就形成了「空想」或「幻想」，教師們似乎長期扮演著「被改革」的角色。

　　因此，以往課程發展中的權力結構（由上而下的支配關係）必須重新建構，教師們不應成為「特別權力關係」下的「乖乖兒」，而應賦予專業自主權發揮的空間。學校本位課程發展就是以橫向的權力分享來取代垂直的支配關係，在這種權力關係下，教師才能「增權賦能」。學者、專家及教師是一種分工而合作的關係，教師間也是一種協同與合作體。

　　在「知識的再概念化」方面，由於社會急遽變遷、知識累積、創新與傳遞、學生身心條件的改變，課程發展乃反映此變動與需求，尤其對學校革新的

認知，更應與時推移。然而由於過去課程發展的保守與一元化，不僅教師自廢武功（deskill），連上層的課程決策者，更無法與社會變動的脈動相通。因此，減少知識的層級性與支配性，轉向「知識橫向間的連結」與知識的流通性，也形成一股新的潮流。課程發展需要新的思惟與建立知識開放體系的素養。換言之，課程所教的知識，不能化約為「書本知識」，它與生活應具動態的契合。知識一方面反映革新與蛻變的本質，同時它的結構不是單一垂直和階層性的上下連貫關係，而且是知識流通性或流動性的連結。所以教育工作者對這種知識的認識應重新「概念化」，才能了解知識的本質和效用。

如何讓「學校文化再生化」應是學校重建的重大課題，「價值」是課程發展中不能逃避的重點，這不僅影響課程內容選擇的內在問題，同時它也受制於長久以來價值觀所沈澱而成的「學校文化」。在教育改革中，很明顯可以看出為何有的學校在各方面表現得相當積極而有成效，但也有不少「虛擬應付」、「陽奉陰違」的學校。當然在一元化思想主宰的時代中，要形成勇於創新、勇於求變的學校文化是不太可能的。因此若能形成「尊重差異」、「同情與理解」、鼓勵創新的多元價值觀，當有助於良好學校文化的塑建。過去學校文化中充滿「自掃門前雪」的本位主義，表面上總是尊重專業自主，事實上並未真正與同事相互參佐、溝通、協調，這種「單兵作戰」的心態，在今日校園文化中是相當普遍的，也是使教育改革無法落實的主要原因。

由上對下傳統課程模式邁向學校本位課程發展的後現代，拿捏什麼才是「應然」與「實然」或「師生」與「當地」所需的課程內涵的確並非易事。Heidi Hayes Jacobs 日曆式行事曆「課程地圖」正好提供學校與老師在發展本位課程時，一種相當不錯的記錄與省思工具。它的步驟包括：(1)搜集資料；(2)初步審查；(3)小組討論；(4)團體會議；(5)決定可立即修正的項目；(6)決定需要長期計畫的研究項目；(7)討論的循環是永續的；一個發展本位課程的學校，必須確實掌握這七個步驟循環檢證自己學校的課程與文化。

課程地圖是學校課程運作的藍圖，它說明了課程運作的情形。運用課程地

圖，學校所有教師均能扮演藍圖的編輯角色，同時也運用它去審查課程需要修正與再確認之處。

　　Jacobs 六個具有執行性的工作任務，讓使用課程地圖的全體教職員創造一個可使用的、有活力的，以及全面的課程藍圖。當檢示課程時，全體教職員透過課程地圖的架構，使他們獲得有關課程的資訊、釐清盲點與鴻溝、搜尋出課程重複的地方、發現課程可融合之處、使用能達到學習標準的評量，同時適時地檢核課程發展的脈絡。

　　本書第一篇為原文的翻譯，係研究者在臺北市立教育大學國民教育研究所、兒童發展研究所，以及嘉義大學幼兒教育研究所上課所採用的參考用書；在使用多年以及到各校專題演講之後，老師及研究生們都覺得這不僅是國內推動學校（園所）本位課程，在發展的歷程與成效檢核必備的一本好書，同時也是突破國內推動學校（園所）本位課程瓶頸的工具。第二篇係育航幼稚園與本人榮獲 94 年度教育部顧問室「創意教師行動研究計畫」的成果，或可供各個學校與幼稚園運用「課程地圖」的參考。

　　本書的翻譯與試驗推展能順利出版除了要感謝「教育部顧問室」創造力教育中程發展計畫，給予研究者與臺北市育航幼稚園「課程地圖——在幼稚園本位課程的應用」的獎勵與經費外，更要感謝心理出版社林敬堯總編輯的肯允出版，以及高碧嶸執行編輯的用心。

　　在研究所上課期間針對有關「課程地圖」理論與實施上，我和研究生們有過不少的互動與討論，這些老師與同學們是本書出版時要特別致謝的：佳燕、佩韻、呂琳、一秀、育吟、雅慧、怡真、芙桃、虹伶、梨美、欣怡、桂治、文姬，以及伊佩、淑純、雪卿、欣宜與穎韻等人，尤其要特別感謝家華的協助校對；此書雖是本人與謝美慧助理教授在嘉義大學幼教所與研究生定稿出版的，但是如果沒有上述諸位老師與同學們的助力，此譯著也許不會出版，或許將永遠只是上課使用的參考用書而已。

　　「試驗」與「應用」部分要感謝許明珠園長、潘彩玉組長、昌志鵠資訊師

與育航幼稚園的團隊老師們，沒有這個長達一年的試驗基地，課程地圖的理論就永遠無法在臺灣的幼稚園實施與修正。

　　Jacobs 另一本姐妹作《*Getting Results : with Curriculum Mapping*》也將於近日在心理出版社出版，敬請各位期待！此外，國立教育資料館鑑於 Jacobs 理論與實務在美國推展的紮實與成功，已將在美國 K-12 年級各校試驗的菁華錄影帶中譯出版，歡迎各位閱讀此書時同時欣賞及參與錄影帶教學的討論，理論與實務的搭配運用，相信您我的教學都會收到事半功倍的效果。

　　研究者在閱讀與幼兒園試驗此書的內容之後，深覺這正是國內推動學校（園所）本位課程，在「眾聲喧嘩」各說各話之際，相當不錯的歷程記錄與檢核工具，希望學校校長及教師們都會喜歡這本書。

盧美貴

目錄

第 2 篇　課程地圖——國內幼稚園的試驗與應用

第1篇

課 程 地 圖
統整課程與幼稚園到
十二年級的評量

第一章
行事曆課程地圖的重要性
（The Need for Calendar-Based Curriculum Mapping）

1988 年秋天，我受邀參與紐澤西州學校行政區（New Jersey School dis-trict）的課程輔導工作，此次目的主要是加強與提升他們課程的銜接性（articulation）和統整性（integration）。在一次與七年級教師們所進行的團體會談中，我問他們這樣的一個問題：「在這一年裡，你們實際上要教些什麼呢？」英文老師微笑著反問我說：「你指的是明天我們每個人實際上會教些什麼嗎？」我想了一會兒然後回答：「至少我們對於9月、10月等要教的課程內容要有些概念，如果連我們自己都不知道要教些什麼，我們怎能統整我們教學的課程呢？」

就在這個時候，學校的負責人突然說道：「可是我們已經有了各科的課程指引。」自然科老師也疑惑地說：「是呀！雖然已經有了課程指引，但那並不全然都是我們的教學內容。它們只是指導方針，並不完全是我們在課堂上真正教給學生的。」

我們開始在索引卡片上畫出年度計畫的藍圖，在構思藍圖的過程中，有一

件事是和別人特別不一樣的，那就是英文、社會、自然科學、數學、外國語言、科技以及藝術老師在設計9月、10月和11月課程中都使用格里高里公曆（Gregorian calendar，教皇格里高里十三世於1582年頒行）。這激發我透過使用學校日曆式的行事曆，使教師們能夠以更清楚、更實際的方式設計出課程計畫藍圖的靈感。

教師們通常會使用學校的年度行事曆去規劃他們的計畫，但以往他們並沒有足夠的方法與技術去搜集與現行課程有關的實際資訊，包括課程內容、技能和評量的資訊。在經歷過紐澤西州的經驗後，我開始要求小學、中學和高中的教師團隊試著使用學校行事曆去搜集有關他們課程計畫的基本資訊，像是單元名稱、方案和教材。他們的反應大多是肯定且正面。他們發現這樣不僅可以透過行事曆做為溝通課程的一種實用性工具，同時也認為這樣比閱讀其他教學條列式的課程指引，還要來得有效率。

在1991年10月，我在《教育領導》期刊（*Educational Leadership*）中發表了一篇關於以行事曆（calendar-based）為基礎的文章，並且受到各城鎮教師們廣大的迴響，許多讀者紛紛詢問如何著手使用課程地圖（Jacobs, 1991）。

在「課程發展與視導協會」所出版的錄影帶中介紹統整課程（Integrated Curriculum, 1993），其中有一個片段呈現一群正在設計課程地圖的教師團體。這激發更多人以電話和傳真的方式詢問如何使用這種「地圖式」的做法。我決定讓這個概念有更多的詳實觀察和田野研究。

在過去短短的幾年當中，我花了許多時間搜集全國教師的有關建議和成功案例，將它們摘錄在這本書裡。我和教育界的一些泰斗像是Mike Eisenberg（詳見Eisenberg & Johnson, 1996）溝通討論此事，他表示使用課程地圖的價值在於它注入了知識生產過程的訊息，同時傳遞技巧於核心課程中；Bena Kallick（詳見Costa & Kallick, 1995），不斷的提出一個冷眼熱心的「諍友」（critical friend）概念，並且把這種行事曆課程地圖的設計視為全體教師發展與進行課程重建的機會，而且也是一種頗具品質的溝通過程。

現在我們可以很清楚地明瞭，在學年度裡，教師是有能力利用很短的時間建構出一種有用的課程地圖，而且課程地圖能夠時常依需要來做課程的修訂或是重新的調整與安排。本書即是在說明要如何開始這個任務與使命。

為何要有課程地圖？

（Why Map at All？）

雖然教師們可能會在同一建築物裡工作好幾年，不過他們對於彼此在教室內所發生的事卻不全然都了解。在同一走廊的高中教師們對於其他同事所使用的書本、概念想法和作業並不清楚；一個中學的團隊或許會忙於他們特別的方案活動，但是對於在同一棟建築物裡的其他團隊所知卻是有限；小學可以說是一個教育兒童的環境，但實際上卻被視為只是由單獨教室所集合而成的「校舍」（schoolhouses）而已。

假如在同一建築物裡的教師們之間有隔閡，那麼在同一行政區裡不同建築物之間的教師們，其隔閡就會大的像大峽谷（Grand Canyons）一般的深了。要找到一位對於國中課程也有涉獵的高中老師，或者中學和小學老師會一起關係密切的討論或溝通學生們的事情，那幾乎是不可能的事情。儘管有最好的交流溝通企圖，但實際上卻是流於倉促的資料交換和接收，因此課程往往是在一種「真空」孤立的狀態下被決定了。

如此短暫的時間所搜集到的有限資料，我們發現兩種極端的傾向。一種是嚴格而緊密的與課程指引亦步亦趨，給人一切都在控制下的印象；第二種就是鬆散與含糊不清，以至於對於下一步要做什麼都感到毫無頭緒。

為了理解學生學習過程中的經驗，我們需要有兩種視野，一種是以縮小鏡微觀（micro）的角度來看待某個年級的學年課程，另一種是以廣角鏡鉅觀（macro）的角度看幼稚園到十二年級的觀點；班級（或微觀）層級的課程則是依賴學校所處位置和行政區的層級（鉅觀的觀點）而發展的。

　　雖然微觀層級（班級）和鉅觀層級（幼稚園到十二年級）經由行政而產生連結，但在做決策時卻很明顯地缺乏鉅觀層級的資料。目前我們需要的是更廣泛的，而且是連結學生們在學年學習歷程的相關重要資料。透過課程地圖的資料及學校資訊的傳播與接收，這樣可以做檢核和修正，可使課程更廣泛地具備全面性和切合需求性。課程地圖的資訊不只可以被橫向地使用在檢視學校學年度的學習計畫，也可以被使用在檢核幼稚園到十二年級縱長面的學生的學習經驗上。

　　過去我們指望課程委員會（Curriculum Committees）會提供給我們一個更寬闊的視野與遠景，但我認為已過時的課程委員會應該被裁撤也應該被取代。以學校為本位的課程委員會創造出使用電腦做課程地圖的方式，而將焦點放在個別學校裡學生的經驗所達到的程度。代表行政區內所有學校的課程委員表示所有的學校應該要定期聚會，並扮演一起工作與協調的角色，就像是出版社的總編輯一樣。這些觀點在第六章中會詳細敘述其特殊的角色和責任。

　　我們必須要改變課程決定的過程，因為大部分的課程委員們，在制訂實際對於學生學習有直接影響的課程時無法發揮功效。課程委員們通常會聚在一起規劃。例如：他們天真的認為將課程目標、技能以及概念列出後，教師們便可以讓教學課程達到最佳的效果。偶爾這些條文式的課程計畫能激起並且凝聚教師們的行動力，但是過於頻繁的交付工作，會使得他們寧願什麼都不做，也不要理會這些死板且與技能無關的學習單。這些內容或許會討論到一年級的書寫技能或是三年級的閱讀技能，但是它們卻很少精確地針對在整個學年學生的學習中，每個年級課程所應該要讓學生學會的特定技能來聚焦，結果往往使得這些學年所需要學到的特殊技能獨立於外。

　　假使缺乏「某技能應該在何時教學」的概念與共識，就無法給予課程品質的保證。深入來說，教導技能不是憑空而教的。技能是以具脈絡性的方式表現出來，而且很明顯地也是學習者的作品或行為表現。總而言之，儘管這些委員們千辛萬苦地列出學生們需具備的技能清單，通常到最後他們都會覺得這些清

單無法產生作用而放棄。就像是有位教師提到：「我們感覺到要做完這件事，因為他們讓我們不得不做。」因此，當這些學習清單條文都被歸檔之後，若未受到基層的教師們採用，行政層級的人會感到洩氣且受挫，但始終沒有人確實了解應該如何運用這些學習清單。

　　沒有任何一位教師或行政人員該為這種情況而遭受譴責，因為我們並不想要造成下列的情況：行政層級與基層教學者無法有效地做好課程溝通。在這麼大的脈絡之下，要找出或者計畫課程是一件困難的事。教師不能只從他們記載在手冊上的文件知道有關課程的資料，並且用來做為設計課程或評量學生的準則，課程委員校外定期會議往往是一個沒有效率的會議。我們需要的是一個21世紀的方式，課程地圖不但提供了長遠及有廣度的教學計畫，也提供了短時間的教學準備和暢通溝通管道的可能性。

　　我們的學生需要教師了解他們學習過程中的經驗，學生需要我們了解當他們在每位老師和每個科目之間轉換時，有哪些事情實際上會在他們日常的課堂上發生，學生也需要我們去了解他們每年的學習成果，並且給予信賴的感覺。根據這樣的資訊，我們可以發現課程地圖的可行性已經彰顯其意義了。下面的章節我們將詳述設計課程地圖的流程。

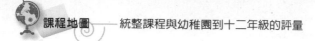

第二章
課程地圖的程序
（Procedures for Curriculum Mapping）

多年來我與許多不同學校的教師們一起工作，我發展了一個很值得推薦給大家做參考的課程地圖。它是以一連串學校行事曆做基礎，用來做為設計和管理學校課程的方式。本章節主要介紹課程地圖的 7 個步驟。雖然說每個學校有其獨特的性質，然而課程地圖的每一項步驟都極具彈性，可因地制宜的適合每一所學校使用。

　　早期的課程地圖與現今的課程地圖在運作上可能存在一些明顯的差異。在個人電腦 E 化時代來臨前，70 年代和 80 年代早期的課程地圖深深受到卓越的課程設計學者 Fenwick English 和他強而有力的理論所影響。當時的課程地圖是透過評鑑人員檢測或是協同教學者的訪談而完成的。他們花了許多時間在依據教師們的報告進行課程調整（English, 1980）。如同 English 所說的，課程地圖是一種技術，是用來記錄時間和搜集工作資料，然後藉由這些資料的分析，來決定採用哪些比較適合的課程內容和評鑑方式（1983, p.13）。

　　以往總是用人力來抄寫老師在進行課程地圖時所說的內容，然後再將手寫

的文稿彙整打字,因此浪費了很多時間。現在我們透過個人電腦,不但可以同時,而且更加詳盡地記錄老師上課的內容、技能和成果評量等資訊。更重要的是現在這些工作可以真實地呈現學生在課堂上所發生的事情,並且可與政府部門所訂定的教學綱要進行比對。學校的課程應隨著時代成長與改變。在過去,課程地圖要靠教師個人去做是很沒有效率的,現在有了電腦 E 化的協助,教師們可以輕易地在電腦上完成課程地圖,並且透過課程地圖與其他教師們分享資訊和進行溝通。

一、步驟一:搜集資料
（Collecting the Data）

在這個步驟中,每位教師描述在課程地圖中三個主要課程要素:

1. 強調學習過程與技能。
2. 依據重要概念（essential concepts）、主題或內容,以檢核重要問題（參看本篇第四章）。
3. 根據作品與學習的表現做為評量的基礎。

關於日常課程的某些特定資訊並不是那麼重要,這個步驟的主要目的是要每一位教師以宏觀的視野將他（她）每學年真實發生的資料展現出來。我發現提供教師們一些課程地圖的範本做為實際工作上的典範是必要的。缺少了可供參考的課程地圖範本,課程地圖的種種描述是會令人感到怯步。它實際上是一件非常可行的事,仔細閱讀課程地圖的附錄,或許可以澄清某些問題與觀點。

每位教師自行完成行事曆導向的課程地圖是很具關鍵性的,沒有人可以為其他人完成他的課程地圖,否則所得到的資料是不真實的。唯一知道教室裡該教些什麼的專業人員就是教師,而協同教學者、校長和行政部門等人員都沒有資格來填寫課程地圖,因為他們並沒有真正待在教室與兒童朝夕相處。做這些事的目的是為了搜集教室裡的資訊和有關於學生真實經驗的資料,並不是其他

人所認為的學生的被動學習。這些資訊將顯示在電腦終端機的螢幕上，或是以標題、索引及便利貼等方式寫在每月計畫表的大紙張上。教師在學校中使用行事曆為導向的課程地圖有助於分享課程的真實面貌。

有很多的爭論自然而然會在最初的這個階段產生。就像有些人會問說：「如果我不按照科目來教學可以嗎？假如我是按照主題的方式來進行教學呢？」課程地圖的目的主要是為了展現課程的真實面貌，因此課程地圖的設計必須反映到這些議題。

有些教師會問：「我們是否只需要依照學生的興趣來教學就好呢？因為我們是以探索式的學習來做為課程的基礎。」在這種情況下，一種以日曆式為基礎的資料搜集方式就要產生，在日曆式行事曆的課程地圖引導下，教師可以一邊進行教學課程一邊記錄教學內容。我已經在一些學校實施過這種方法，並且收到學校的回應，以及發現他們利用課程地圖來幫助彼此訊息的交流。如果不這樣，我們便無法知道從每年我們給孩子們的經驗與回饋中，孩子們是否真的學習到了？

其他老師也會問：「要是我並沒有依照行事曆上安排的每月進度來教學，那怎麼辦？」這個問題的產生來自於對課程地圖的誤解，這裡的問題不在「每個月」的進度，而是用月份來做為一般性的參考，進而用來規劃教室裡學生學習的課程。

另一項最重要的就是要設計完整的課程地圖，需要一些時間才能完成。大部分的學校都會草擬一份年度計畫，並且隨著課程的進行做課程地圖的修正。其他的學校則是跟隨著以往教學日誌的方式，而這樣的規劃方式需要一個設計好的課程表。大部分單獨作業的國小教師發現，大約要花一個小時的時間才能使課程地圖在整學年度所要教學的「內容」呈現部分的完整，而大部分的中學教師會發現要單獨列出每個年級每個單元的課程要花 45 分鐘。假如老師們相較之下要花費更長的時間，則表示在課程範圍的認定上有爭論，或者表示他們並不如預期的能完成這個任務。

最費神的任務就是在課程相關技能和評量的內容部分。這些部分通常需要嚴肅地反映課程主要的技能，最重要的是用來做為年度標準的評量。就某種意義來說，這任務是有差別的。課程地圖設計者篩選最重要的技能和最具有意義的評量方式，但是這個工作的時間不應該被限制，而應該要花比兩倍甚至更多的時間搜集資料，以形成課程地圖的內容。

當課程地圖的概念已經被推廣至全體教師時，就應該規定一定程度的格式化，選擇一種統一的格式讓大家都能夠使用，這樣會讓搜集資料更有系統與效率。教師能夠輕鬆的搜集資料，並且確保有效率的搜集課程地圖的資料是相當重要的。學校領導者必須向老師保證使用課程地圖並不是用來做為評鑑的目的。偶爾，我看見不情願的教師，他們很害怕學校領導者試圖說服他們，因為他們沒有進行「避免在英語中過度使用動名詞」的教學單元，或者他們沒有進行「我的消防署之旅」的教學方案。我們必須闡明的是課程地圖的本質與目的，並且承認沒有一個人是可以把一整個學年的課程做到完美而毫無瑕疵的。

我建議提供給教師們聚會討論課程地圖的時間；是可以私底下在他們的教室中進行，不管這些第一次討論的課程地圖是用紙筆記下來，還是用電腦記錄，最後這些課程地圖都要被輸入電腦裡。假如老師不會使用電腦，任何用紙筆記錄的課程地圖都可以請助理或助教老師輸入電腦裡。很顯然地，最重要和最有效率的方式就是用電腦來搜集資料，期望並推動學校的領導者、行政人員和教師都可以自己使用電腦。這不僅可以有效地馬上搜集到資料，同樣地還可以透過網路和溝通，讓資訊在各個教室之間彼此交流。

二、步驟二：從頭到尾仔細閱讀
（The First Read-Through）

一旦課程地圖完成後，每位教師便成為課程地圖的編輯者。首先，教師們應該要與他們在所有課程地圖範圍內的合作同事們，變得更為熟識與更有默契；

至於教師們要遵循的編輯步驟會在本篇第三章做介紹。

教師編輯者透過閱讀課程地圖獲得資訊。我建議老師們對初次看到的課程內容、技巧與評量部分加以標示。我經常聽到教師們說：「我以前都不知道你教這些呢！」

其他的工作則需要具有判斷的眼光。教師必須尋找課程重複的部分、缺少的部分、有意義的評量部分，與標準（教學指引）相契合的部分，甚至用來整合的潛在部分和適時性的地方（詳盡的介紹在本篇第三章）。當教師發現有哪個地方需要改進，就必須圍繞著這個需要修訂的地方，教師所要做的並不是重寫課程或是提出建議，因為這樣已經太遲了，相反的這個工作所強調的部分是為了檢驗未來的執行成果。

編輯群是相互關心但又各自分離的。他們為了提升課程品質，埋首於研究初稿的缺失。因為課程對於幼兒及青少年的影響頗為深遠，需要我們投注更多的心力和評價。當每位教師都成為專業的課程發展與編輯者以後，整個學校的專業水準也會隨著提升。

教師們單獨完成課程初稿的閱讀是很重要的，如果一個團體的教師是一起完成的，他們或許會因為避免去觸犯到其他人，因而忽略了課程地圖中某些重要的問題。但是透過從頭到尾的批判性閱讀，每一個教師就會愈來愈了解他或她在多年來課程進行中所扮演的角色。值得注意的是老師們也會愈來愈了解到學校課程的相關知識與學生的需要。接著，便是協同合作，並在小團體的討論會議中分享彼此所觀察到的資訊。

很明顯地，每位教師徹底閱讀的時間是依學校裡的教師數量而定，對國小教師來說合理的時間是大約 2 至 4 小時，中等學校的教師大約是 2 至 5 小時。另外，有些老師一開始時是在跨學科的小組，而有些是在分科的小組，主要的關鍵在於教學者的授課風格。大部分的學校都已經花時間指定特定的科目時間、領域或教師們的聚會時間以完成這個仔細閱讀的工作。

三、步驟三:多元小團體的回顧與討論
(Mixed Group Review Session)

當小團體回顧討論的時候,小團體乃是由平時並沒有在一起工作的教師所組成。教師們此時最好不要與他們平時所教的同年級團隊、跨學科團隊、分科的或是教學搭檔一起工作,這個團體最好的人數規模是 6 到 8 人,對於和其他教師團隊和搭檔親密分享的有利環境將會形成。小組團體如果太龐大或同質性太高,權力傾向太集中時,他們便會傾向於有意或無意地使用性質相同的教材,這樣的話教材看起來就會是相似而同質,這樣的結果並不是學校年度計畫中真正期望的。

這個多元組合的小團體在回顧時,每位老師分享他(她)從個人的地圖閱讀中所得到的發現。這是一個報告的程序,而不是做決定的程序,判斷的取捨還在後面,在這個步驟中這些都是很重要的關鍵。因此,老師們只需要陳述他們從哪裡得到這些資訊,包括:知識的分歧點在哪裡、整合的潛在部分、成果與課程錯誤的結合在哪裡、有意義的評量與無意義的評量等。換句話說,這些都是值得關切的部分,而不是用來複製課程的。

在這個討論中,教師搜集資料並且報告他們的發現,對他們來說是很有幫助的。把所發現的疑點條列出來,是多元組合團體討論的重要成果。這些被列舉出來的問題將協助教師下個步驟的資料搜集與編輯。

四、步驟四:大團體的回顧與檢視會議
(Large Group Review)

所有學校裡的教師們均參加大團體討論。在這個會議之前,所有小團體回顧會議的成員要報告在小團體會議時的發現,這些發現將會被彙整並記錄在會

議報告中。大團體討論的主持人，可以是學校的校長或是教師的領導人，將這些問題與發現報告出來，然後主持人詢問所有的與會者，以評核課程地圖產生的模式。在討論之中，不論是一般的或是特殊的意見都會被提出。延遲再次評核的關鍵和資料編碼的使用會在本篇第三章詳述。

當所有的大團體討論和提出哪些是可用的發現之後，教師們應該要謹慎的分析這些被條列記錄的發現，並且要呈現下面兩個步驟。不管是要中途加入授課單元或是仍要保留在大團體內討論，做這些決定的時刻頗為重要。討論人數的多寡是可以做更動的，假如你是在一個規模較小的學校裡，教職員人數是 10 人至 25 人，便可採用大團體的討論模式。假如這個學校較大，那麼回歸到教學的單位，例如：學年團隊、因居住地而組成的團隊或是分科團隊，這樣的組合會更具意義。在這部分的重點就是這教師們的討論，現在是從一個檢視與回顧的模式轉換成一種編輯、修正，且正在逐漸發展中的模式。

五、步驟五：判定有哪些資料是可以立即的修正
（Determine Those Points That Can Be Revised Immediately）

有了手邊上的觀察列表之後，教師透過這些資料審核並且判定哪些部分是教師一個人就可以處理的、哪些是需要團體共同處理的，或者哪些是行政人員可以處理的部分。透過教師們經常彼此的意見交換，有很多顯而易見重複的地方就可以被指出來。

舉個例子，在一所小學裡的三年級和四年級上有關於美國殖民時期的歷史，當學生們在四年級的時候又再度上到這個時期的課程，他們抱怨說他們之前已經上過了。四年級的課程是被壓縮的，這兩個年級的團隊協商並且同意由三年級接管美國殖民時期的課程，並且要拓展到地方和國家，以及包含其他殖民地的觀點。四年級的課程則可以直接深入到美國獨立戰爭，花多一點時間在學生平常較少接觸的領域。例如：像是獨立宣言的教材。這樣的課程調整並不

需要透過學校行政會議或大團體的課程討論報告，相對來說這是一種要列入線性的協商。

　　我並不是要說這些重點都是很容易解決的。我回想起這樣的一個景象，就是：當一個老師畫地自限，裹足不前，拒絕重新思考 19 世紀英國作家的單元時大叫著：「不！我不想要放棄狄更生！狄更生的教材一定要列入，他是我的最愛！」然而；如果大家都看到了事情的困難點，事情就比較容易解決。課程地圖的歷程正是反映課程修訂時所做的審慎決定。

六、步驟六：判定哪些事件需要長期的研究與發展

（Determine Those Points That Will Require Long-Term Research and Development）

　　在檢視與回顧課程地圖後，團體成員將會發現有某些部分，在提出問題解決的方法之前需要更為深入的調查研究。這是很明顯的，因為這些問題包含不同的年級或科目，這意味著教學結構的決定或課程修改的結果，將會影響日後的教學成果。

　　舉例來說，在國小與中學的寫作課程評量中也許會有銜接上的問題。在這個案例中，教師在國小與中學的教室裡都需要去檢視在寫作課程上以時間為主的發展順序。從課程地圖可以看出，創造性的寫作方案大量的存在於兩個級別中，但是只有以非正式的「報告」寫作方式編入國小與中學的課程中。「正式的文章寫作何時才需要授課？短信何時才需要教學？八年級生是否應該教寫意見書，而不是僅僅像他們在四年級時一樣，只是寫些簡單的報告？」課程地圖提供給國小和中學老師處理這樣問題的機會，而不是在課程銜接的問題上彼此指責。我的經驗是：課程地圖提供課程銜接和課程計畫上一個專業討論的機會。

　　假如高中考慮實行九年級學生跨學科課程統整的可能性，每個成員將需要花時間來檢視，這麼做將會對學校組織產生何種影響？這樣的行事曆與團隊的配置方式將隱約的出現在計畫之中。在下決定之前，對於其他高中學校的內在

需要和外在配套的相關研究是很重要的。再者，時間也是不可忽略的要素，學校已經利用教學會議、休息時間、暑期工作坊和其他的方式，提供機會來研究這些龐大而且複雜的議題。

　　或許可以由全體教師所組成的團體重新檢視幼稚園到十二年級的課程地圖，並且參考政府頒布課程標準的缺失部分，讓教師們在做決定時有個依據。在行政部門做決定的人似乎是處於孤立的狀態，而課程計畫的訂定，不能只是做表面功夫而已，因為長期下來的影響是很驚人的。所以必須要花時間仔細考慮用何種課程模式和課程結果對學生才是最有幫助的。

　　本書提供我們有機會去思考兼具小規模和大規模提升學生學習表現的步驟。當教師與行政人員清楚地了解到他們工作上的大部分內涵是要進行有意義的研究，學校本位的課程委員會即應該設置一個專門的小組來研究可能的解決方法。一個專門小組，也許概要性地提出 2 至 3 個國小與中學在寫作方面不同系列的評量方式；在九年級的跨學科課程統整計畫上提出 3 或 4 個不同的課程表和教學團隊的組織，並提出兩種不同的方式去重新檢視已經在性質類似的行政區域上施行成功的潛在課程標準和課程目標。在各種方案的選擇範圍上，一個團體最好能保持彈性，並且努力達成最佳效果的解決方案。

　　傳統的課程會議可以被朝氣蓬勃、以策略研究為基礎的課程地圖中所獲得的真實資料所取代。我的經驗是教師們都很喜歡這樣的團隊，他們認為這樣的團體是真實而有意義的，而不是傳統官僚作風而又冗長無聊的會議。

七、步驟七：永續性的循環檢視

（The Review Cycle Continues）

　　課程的檢視歷程應該是充滿活力而且持續不斷的。我們過去檢視課程的老方法是早就計畫好但卻是零散沒系統。學校和教育行政單位曾經被指定進行長達五年的特定主題領域的課程檢視，這意含著形式上的贊同並不是出於實際的

需要。而且當我們把各領域迅速的成長納入考慮時，這些長達 5 年進行的檢視成果似乎已經過時了。科學的改變日新月異，新興的藝文時常出現，科技進步的速度更是一日千里。以一個五年課程領域論點檢視課程是一件武斷而奇怪的事。我相信課程地圖的實行將嶄露頭角，因為我們沒有其他實行方法的選擇。課程地圖所需的科技產品，只要筆、紙和打字機，或許再加上一點文書處理系統。但是我們現在擁有一項工具，可以用來持續不斷的、系統化而且長期性的計畫課程。

　　隨著成員懇摯的溝通和真心的交流互動，課程精緻化是確切可行的。下個章節要介紹團體裡的每一個成員可以利用一開始課程地圖的討論與擬稿機會，達到特定的教學目標。

第三章

課程地圖的回顧、分析與發展
(Reviewing, Analyzing, and Developing
Curriculum Maps)

課程地圖彷彿是學校的藍圖,它說明了課程運作的情形。運用課程地圖,學校所有的教師均能扮演藍圖的編輯角色,他們運用課程地圖審查課程需要修正與確認的部分。

本章說明了 6 個執行的工作任務,讓使用課程地圖的全體教職員創造一個可實際運用的、可推行的,以及全面展開的課程藍圖。當檢視課程時,全體教職員透過課程地圖的架構,使他們獲得有關課程的資訊、釐清課程銜接上的鴻溝、融和可統整的課程內涵,以及適時的運用評量檢核課程,使達到學習的標準。

一、任務一:閱讀課程地圖以獲得資訊
(Read Maps to Gain Information)

身為教師,只有盡我們所能有效地運用我們所知的。我們若不能了解學生

過去幾年學了什麼，我們如何能為學生搭建學習的鷹架而建構他們有效的學習？我們若缺乏對往後年級課程的洞察力，我們如何能為學習者導航課程？閱讀並檢視課程地圖，可以讓我們創造一個資料庫，以備做重要決定時可以使用。

有了課程地圖，最起碼教師可以發現什麼是之前已經教過的。這是一個很明顯的狀況，那就是當學校教師初次檢查課程地圖時，常會聽到同事們互相告訴對方說：「我不知道你已教過那些了呢！」

即使簡略的閱讀課程地圖，學生依舊是最大的受益者。教師們發現，課程地圖不但能幫助他們開展洞察力，還能幫助他們訂定教學內容，以提升教學品質。課程地圖為不同的人提供強而有力的教學內容：某個學年缺漏了某個學習單元、較高年級變更閱讀目錄、有媒體專家提供電腦軟體，或是一位新進教師在學校任教等事情，在在都可以使用課程地圖。

任何人初覽課程地圖時，聽取並記錄眾人意見是很重要的。一般教師較傾向於只看同一領域的課程地圖，像是同一年級的教師或同一部門的成員。這類型的溝通當然是很重要，但大部分有啟發性的工作，大都發生於較少接觸的年級或部門中的教育者一起閱讀與檢視課程地圖時的收穫。雖然全體師生都在同一棟教學大樓裡，但彼此卻少有互動與討論。

二、任務二：確定課程地圖，釐清鴻溝所在
（Identify Gaps）

我們常假設所有教師在同一模式中會提供相同的課程內容，但事實上並非如此。我們常發現教學目標與實際教學之間的落差，而這些落差會持續影響學生的學習。假使一位中學的自然科學教師誤以為六年級的學生已經學習過有關力學的基本物理學觀念，而要延續建構此概念的課程時，那麼學生可能會因缺漏這部分的學習，而造成往後的學習困難。五年級的教師不教力學或許有很多的原因值得我們加以探討。因此，教師間的溝通對學習者是有很大的助益。

　　附錄三的內容是呈現從幼稚園到八年級的國小自然科課程地圖，此課程具備連續性及一致性。它被用來確定和指出課程計畫中的落差，使學生準備進入中學時，能順利達到課程的垂直銜接。

　　我們不可能也不應該期待協助者和管理者都要了解每一個教室的上課情形。期待他們持續並規律的去訪問和觀察每個教室的教師是不切實際的。相反地，我們重組課程委員的組織經營，因為每個班級的教師都在此一架構之中（見本篇第六章）。這份課程地圖幫助他們學習找出垂直比對間遺漏的部分與水平比對間的彼此連結，包括：過去、未來與現在。有了這些資料，課程地圖的具體內容、技能和評量才能清楚地被確定。

三、任務三：釐清課程重複的部分
（Identify Repetitions）

　　教師通常會認為他們教的功課或觀念是學生第一次學習或接觸的，但事實上，學生從幼稚園到十二年級（高中）的學習課程中，有很多課程單元是重複的，而課程地圖能顯示出課程重複的部分。

　　教師為了 Sarah、Plain 及 Tall 在四年級教過某些課程之後，七年級又再教一次發生爭論，還有八、九年級的英語教師為「羅密歐與朱麗葉」（Romeo and Juliet）的故事重複被教兩年而起爭議。事實上，還有很多小說和劇本可以呈現給年幼的讀者。雖然教師說他們以不同的方式詮釋，但這是令人質疑的，四年級教師和七年級教師認為他們各自的說法是獨特的，但這是不可能的說詞；另外，也證明有些單元反覆出現，例如：有 5 個單元是雨林、6 個單元是恐龍，這些部分都是需要被重新加以檢視的。

　　課程地圖不只揭示內容重複的部分，還揭示技能重複的部分。無疑的，學生的技能需要練習、複習和訓練，但他們應該從工作的態度漸漸朝向更複雜技能的精熟。過度的技能練習將會使學習者感到無趣而且提不起學習的動機。

最被關注的是重複的評量，我們看到中等學校學生做的報告與他小學三年級時的很相像。這種報告最基本的要求是對於一個主題做摘要和關鍵詞、資訊的確認，我們曾經看過初等及中等階段對報告的要求都是頗為雷同的。中學的學生應該學習發展適當的評量能力（參閱本篇第五章）。學生應該有一個正確的信念、適當的研究、評論，具獨創性的研究和行動計畫來取代報告，而這個報告是他們未來成人生活將會被要求的重要事物。

教育學者的工作是研究課程地圖、建議課程內容和技能，並且評估那些經過確認或經過修正後的課程要點。技能及知識的螺旋狀（spiraling）課程設計是必須的，但沒有必要過多反覆的學習，因為那是在浪費學生的時間。

四、任務四：確認可統整之處
（Identify Potential Areas for Integration）

將兩個或更多個課程適當的融合，將能產生有力且持續性的學習體驗。藉由閱讀課程地圖可以將各學科做統整，教師們研究後發現科際整合課程（interdisciplinary units）的可行性。國中小教師能運用課程地圖發現主題、理論、議題或關鍵問題之間本質的關聯性，同時擴展和加強學生的學習。

圖 3.1 顯示學科的連續性，在選擇程度及本質的融合（Jacobs, 1989），可以幫助課程設計者選擇一個最能達到學習效果的課程內容形式。當不同教師或團體成員一同閱讀課程地圖時，他們能決定學習者最好的學習觀點。經由一個方法，那就是直接地工作練習將會是最強而有力的。就如同當教師給予學生完善而統整的練習時，其行事風格將會像一位科學家的見樹又見林，而不只是單純的在教自然科學的內容。

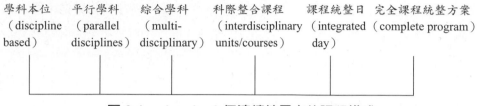

圖 3.1　Jacobs 6 個連續性層次的課程模式

　　另一個觀點是各學科和單元能相互並立，所以它們能同時被使用，例如將統計學和人口統計「兩個平行學科」變成社會科的「移民」主題。在這個情況下，教師們不用共同編寫一個單元教案，他們會一同計畫最理想的時間安排。教師們希望能協同設計一份單元或融合兩科或更多學科的課程，這就是「科際整合」（interdisciplinary）的觀點。統整單元是由具有相似組織架構的課程內容所設計而成的，意即各種課程相似的核心概念經由不同方法連結成共有的關鍵問題（詳見本篇第五章）。

　　並非所有的課程都需要整合課程設計，必須視其適當性而定，而人類學是整合數學和科學最常出現的例子。在一個九年級的全球化計畫中，一位英語教師、社會教師和美術教師，合作一個日本及日本民族有關的教學單元。但若其他課程的遠景目標不適合做統整，便不需要刻意做統整。因此，可以把它們設為「綜合學科」（multidisciplinary）的設計。另一位教師設計一個二年級的「氣候」單元，其主要焦點在科學上，且有機會使用到數學領域的測量技巧。各學科間的單元也能統整為一個廣博且有系統的課程領域。在合理且不勉強的統整計畫之下，科際整合是最理想的設計。

　　教育工作者們期望讓學生獲得啟蒙的更好學習，他們的學習觀是：不論在教室或較年長孩子的獨立計畫中，都是以學生為中心。在過去的一些實例中，教師整理與課程有關的觀念、論點、理論、問題或提出出版物。「課程統整日」是以學生關注的問題及興趣為主要的焦點。

　　本位學習是指與環境整合的課程學習；「學校工作計畫」（school-to-work

program）是指學習者離開教室學習或學習中心的學習，例如戶外教學、參觀博物館，這種「完全課程統整方案」在特有的環境與時間中統整了學習者的學習。

簡言之，Jacobs 6 個層次的課程模式可依譯者延伸下列說明：

㈠學科本位：以分科方式安排每日的作息，每一種科目均有其固定上課的時段。

㈡平行學科：並未改變學科領域的課程內容，只是各自調整課程內容呈現的順序，並與其他相關領域互相配合。透過各相關領域教師的協調，以同時進行依主題發展的教學，期望學生能發現各學科間內隱的關聯性。

㈢綜合學科：將兩門或兩門以上的相關學科領域，統整為一個正式的單元或一門課，用以探討特定的主題。它必須更改整體課程焦點，才能達到課程間的互相配合。

㈣科際整合課程：刻意打破學科領域的界限，選擇一個共同的主題，將學校課程組織內的各個學科領域，統整成一個在一定時間內完成的主題單元。在實施前，必須召集各學科領域的專家，共同磋商如何將各科界限打破重新結合。這比較能提供一個完整的學習經驗，也較能促進學生對各種知識領域間之關聯性。

㈤課程統整日：依據孩子生活中感興趣的主題或遭遇的問題，而發展出一整天的學習活動。此活動不依賴坊間現成的教科書，教師必須自行規劃課程內容及評量方式。

㈥完全課程統整方案：是統整程度最高的模式，也是開放教育中開放程度最大的模式。學生全數住校，24 小時生活在學校環境中，學生也從他們每天的生活中創造課程，且學生的學習內容與方式完全自主。

當小組開始從事團隊工作時，課程地圖能成為課程統整的良好媒介。當教師閱讀課程地圖後，便了解該教什麼、什麼時候教和哪些科目同時整合並行，並使發展與課程產生相互影響。

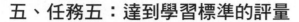

五、任務五：達到學習標準的評量
（Match Assessment with Standards）

我們需要透過學習的評量，來了解學生是否有達到我們所訂定的學習目標，但是我們擁有的測驗結果僅包括他們的寫、說、建構、設計及計算的能力，並不能包含全部的學習。對評量方式做更縝密的重新思考，可以消除美國一直想要替孩子預備一個具有學習品質環境的缺失，而提供給孩子更優質教育的情境。

透過每年的課程評量來增加課程的可解釋性。例如：如果一所學校在數學領域上企圖達到州制定的正式標準，那麼從 9 月到隔年 6 月，學生在實施及創作上要做些什麼，以證明他們達到標準？

具體的成果及可觀察的行為，均能做為評量學生學習成長的基本根據（Jacobs, 1996）。基本能力的評量或搜集集結成冊的檔案評量時，課程地圖中應有一致的紀錄。例如：一個中等學校搜集跨課程領域的寫作作品為檔案資料，並且每隔 8 週做一次正式的回顧，課程地圖應能展示出學習者在這 8 週的學習過程。

由於現今教育很注重「標準」這個任務。美國的標準包含四個層級：第一個層級為國家的，首先透過專業組織陳述課程範圍；第二個層級為州，透過州的組織和標準審視課程範圍；第三個層級為行政區及學校，每一個地區調整國家及州的指標，以適合他們獨特的社區；第四個層級為最嚴謹的教室，它是操作所有標準發生的場所。

在教室中學生與標準接觸後，課程地圖成為一項評估的工具，確定學生是否達到標準的充分依據。相反地，若缺乏證明學生評量的依據，這些標準只是一個形式。因此，「評量」與「標準」這兩項均需同時存在。

六、任務六：適時檢核
（Review for Timeliness）

由於知識的持續擴張，每天都有新的書籍、想法、科技及創意產生，因此創造課程者必須謹慎地更新他們的課程計畫。當教師仔細檢核課程地圖後，他們應該能尋找出舊有的材料和可代替的方案。

適時運用課程地圖於教學課程是最好的檢核方式，且將有助於教師在討論和教育的工作現場產生新的創意。教師學習到一項新策略時，應該將新策略運用在課程地圖中。當教師在他們教學領域中的書寫紀錄增加，在課程地圖評量的部分將會有明顯的改變。

藉由編輯、刪減和增加我們的課程，學校將會有一種真實合作的感覺，成長也會代替了停滯不前。運用課程地圖提供我們精鍊課程的機會，使課程更加深入。即使是簡單的教學單元活動，透過不可或缺的關鍵問題，我們可以闡釋教學單元的焦點及目標，有關詳細的內容將會在下一章加以說明。

第四章

透過關鍵問題
使課程地圖更精鍊
（Refining the Map Through Essential Questions）

領航員（Navigators）使用地圖來指引方向，雖然未知的事件和多變的可能因素會影響他們的行程，但是關於航線，他們因為有地圖的指引，而會做出重要的選擇，以避免曲徑無舵的茫茫行程。相對地，當教師為學生規劃課程時，也必須做出關鍵性的選擇，「關鍵問題」是澄清課程關鍵點的特別工具。

課程地圖用介紹問題的特性來精鍊問題，它提供了一個合乎常理的版本。藉著關鍵問題，課程設計者可以提升他們的課程品質。本章界定了關鍵問題的特性，分辨從不同班級到整個學校對於不同問題中，有哪些是值得被精鍊及組織的，利用關鍵問題可以標記出哪些部分尚未寫在地圖上。

一、關鍵問題的意涵
（What Is an Essential Question?）

關鍵問題是課程的核心，其本質是讓教師覺得在短短的時間內，學生必須

從其身上得到解釋或知道知識為何的關鍵。Ted Sizer 在其課程名著《*Horace's Compromise*》（1984）一書中，提出關鍵問題可以幫助教師在例行的公事當中，將不重要和瑣碎的課程刪除，以抉擇概念的優先順序。

當你的六年級學生要花為期 4 週的時間開始著手研究美國憲法。你就必須詢問自己：「在學習過程中，我的學生應該研究有關憲法中哪些最重要的概念？在這一年中能讓學生理解與回饋的概念有哪些？」從 Wiggins（1989）批判性的文章中，他提到「想把每件都當作重要的事去教導是徒勞無功的」，我們經常都沒掌握到課程的核心，只涵蓋到課程的表面，當這個情況發生時，學習者就無法感受到什麼是他們該學習的重點，而只是被動的去完成作業罷了！學生的焦點應該是他們所要學習的本質，而不僅僅是為了完成作業而已。

這其中的重點就在於「關鍵問題」，要詢問學生的問題應該是具有質疑性及探索性的，並不是只有制式化的教學項目而已。當課程因為關鍵問題而形成時，教師就較能清楚地掌握要給學生的訊息。比較六年級的課堂中，典型的教法——「請學生調查在憲法裡有組織的三個政府部門」比「美國憲法的基本組織為何？」的問法，更不能吸引學生，這只是在暗示他們回答已經有固定答案的問題罷了。

關鍵問題具有組織性。建構一系列的活動，在團體討論時，用關鍵問題將相似的章節標記並歸納在一起，就可以避免許多「混淆性問題」（potpourri problem）（Jacobs, 1989）。

混淆性問題會困擾許多課程。想像五年級的學生將要研究古埃及事蹟，如果你對該學科沒有任何的先備知識，教師將進行一系列的活動，帶著你去學習所不知道的知識，你將會學習有關尼羅河、埃及神像和神話、金字塔、埃及人灌溉所用的工具、法老王等相關知識。當你五年級時，你需要組織自己的閱讀及活動，一套關鍵問題能提供你一個概念的學習。

關鍵問題是有創意的問題。課程制定過程就如同作家在斟酌一個句子或標題的用字，簡單的問題可以激發思考，例如：「內戰的影響為何？」（What

was the effect of the Civil War？）此類的問題可以修改為「內戰還持續上演嗎？」
（Is the Civil War still going on？）

　　這不是意味著每個問題都必須是巧妙的，事實上，將問題簡化對孩子來說
比較有幫助。在跨學科的課程裡有個飛行的單元：設計和實作（Jacobs,
1989），第一個問題是「什麼東西會飛？」學生會從鳥、蜜蜂、魚和太空梭等
概念中做出分辨，也會提出「時間飛逝」、「想法飛了」，這個關鍵的美妙之
處就在於：你能創造讓學生因困惑而產生探索的行動。

　　關鍵問題是概念性的實踐。當教師或一群小組討論的教師選擇用問題來架
構或指引課程設計時，關鍵問題就是想法的呈現，你的想法會有種是「這是我
們在學習上的焦點，我會將關鍵問題的技巧融入教學中，以教導我的學生練習
這些關鍵性的概念」。在有限的時間內，你所給予學生的學習內容，課程設計
變得愈來愈具有關鍵點，來決定哪些該教或者哪些應給予捨棄，你不可能教完
全部的知識，於是你必須選擇具有「關鍵性」的內容。

　　關鍵問題也可以用來鼓勵學生。在各個階段的學習者，應該被鼓勵去提升
及深思關鍵問題為何。孩子進入幼稚園時，就會詢問許多的問題，有的會問一
些奇怪的問題，例如：「為什麼沒有紫色的眼睛？」、「老師，今天你為什麼
看起來那麼醜？」有的還會問：「為什麼我們的生活周遭不再有恐龍？」這些
問題對孩子來說，就是關鍵的問題。這些學生的提問並非要讓教師感到困擾，
他們只是對每件事情懷抱好奇與疑惑而已。

　　當孩子愈來愈大時，他們會問愈來愈少有關於關鍵問題，反而是提出愈來
愈多有關組織性及實際性的問題。在青少年早期，我們在這群學生身上聽到：
「老師，這是你想要的嗎？」、「這個問題模式是你要問的核心嗎？」在小學
階段學生從不同種類的問題及固有的價值觀中來做判斷及產生關鍵問題。

二、用範圍與順序性來尋找關鍵問題
（How Can Essential Question Serve as a Scope and Sequence ）

「範圍」和「順序性」在課程設計裡被各種模式所使用，關鍵問題可以描繪出「範圍」和「順序性」的技巧及概念，做為該年級課程中的主體。舉例來說：教育工作者會指出在二年級數學科的「範圍」和「順序性」技巧，在高中的歷史教師會指出在「西方文明史」一學年課程中的「範圍」和「順序性」技巧及概念，此意圖要描述課程目標的藍圖。令人遺憾的是，像這些課程目標有些只是形式化的。例如：

1. 學生會提出對社區的個人責任。

2. 學生會兩位數的運算。

3. 學生了解每個生態系統中的食物鏈。

這些課程目標不但威脅了年少的學習者，連他們的教師也遭遇到這類問題。我不是在質疑上述三點的價值，但是我質疑的是其「用語」。給學習者這些作業是很糟糕而且令人厭煩的，它比較適合軍事化的命令或指示，用繁雜的句子命令學生去完成。身為教師和學習者，可以藉著關鍵問題去修改上述制式化的課程目標，也有機會去增加學生的學習動機。

在紐約市的國中，教師設計人文學科單元，用以下的問題進行測驗：

1. 社區如何影響我的生活？

2. 我能為社區做些什麼？或我曾經為……？

當你 13 歲時，你是否會比較想去思考這些問題，比告訴你「學生要知道在社區中的個人責任」的論述還來得重要。

當調查各年級的教師，組成各學習的單元後，創造出有意義、簡單的關鍵問題，可以當作學生學習的評分方式。類似一本書的目錄，目錄裡有各章節的標題，描寫出組織架構的範圍和順序性，關鍵問題也為課程經驗提供了前導性

的架構。它們是學習的範圍，架構了教師課堂中需花大量時間來實作的必要性。關鍵問題提供了學生邏輯思考，即使超過兩週或一整年的時間。在附錄二的例子中，不管是哪些課程模式的類型、年齡層或者是單元的長短，關鍵問題的焦點在學習經驗。

三、關鍵問題的規準

（What Are Criteria for Writing Essential Questions?）

從全國數百名的教師意見中，列舉出下列幾個準則，只要能依此勤加練習，這些建議將能指引學生學習，同時精鍊教師的教學。

㈠每個孩子都能理解這些問題

（Each child should be able to understand the guestion）

設計關鍵問題最終目的是為了學生。如果學習者不能理解這些問題，其目的會變成無效，有時成人會運用大量多音節的語法，舉例來說，有位國中教師使用「內戰」單元中的一個問題：「什麼是好的地方主義支援點？」像這種簡單且意義深遠的問題，學生是不可能從中找出簡易的答案，因此這對七年級學生來說，並不是很好的問題論述。在一年級「雪」單元中，教師第一個關鍵問題：「什麼是雪？」，這個問題讓學生從活動範圍中，去分辨滑雪場中，天然雪和人造雪之間的差異，總之，問題應該是讓學生能清楚明瞭的才行。

㈡問題措詞要用明顯且有組織的項目

（The language of the questions should be written in broad, organizational terms）

這個問題像傘狀的組織，應該要放置在有一系列焦點的標題上，在一個「古希臘」單元中，其問題：「遠古埃及人的主要貢獻是什麼？」學生能在該系列活動結束後，更加清楚這些問題，他們將學到許多有關希臘祖先們的重要

貢獻。像是「蘇格拉底的早餐吃什麼？」這種很獨特的問題，有可能缺乏組織性，但它將成為活動本身或是課堂討論的焦點。

㈢問題應該能反映概念的優先性
（The question should reflect your conceptual priorities）

關鍵問題指出學生在課堂學習中，什麼是最需要練習的，什麼是他們該寫的、該說的、該想的和該發展的概念優先性，我們必須在有限的時間內做出抉擇。關鍵問題會影響教師為學生選擇概念的結果，如果學生和教師討論問題，他們同時也在做選擇。簡而言之，問一年級「什麼是雪？」教師設計了從雪的結構與起因，來探討其概念的優先性。

㈣每個關鍵問題應該有其區隔性及重點
（Each question should be distinct and substantial）

書中相類似的問題要被歸納在同一章節裡，而且應該有充足的力量和物質把一個章節結合在一起，例如：「領導人是怎樣麼形成的？」問題中，在一個研究過程中學習者需要從事許多的活動和經驗，例如：讓學生參與調查。相對於「什麼是法蘭克羅斯福最喜愛的書籍？」的問題，雖然此問題可以在一個班會上做為有趣的討論，但是它將提供的並不多。先前所舉一年級「雪」單元，有兩個關鍵問題：「什麼是雪？」、「雪對人類有哪些影響？」這樣提供一套系列的活動，讓學生解釋天然雪是什麼，以及雪是如何影響人類的生活。

㈤問題不應該是繁雜重複
（Questions should not be repetitious）

在我的經驗裡，繁雜重複的問題是在課程設計過程中最常見的錯誤。在一個新英格蘭城 300 年慶祝會的單元中，中等學校的教師使用四個關鍵問題是：

(1)什麼是改變？

(2)什麼影響到改變？

(3)這些改變對人類的影響為何？

(4)這些改變如何影響我們城市超過 300 年以上？

前三個問題是繁雜重複的，但也說明了教師該把這些活動放置於哪個章節教授的困難點。從這些反應中，其中一位教師說：「若沒有討論它的起源和對人類的影響，那又如何稱的上是探討『改變』呢？」假如有繁雜重複的問題，他們應該用副標題將問題標示出來，這些問題將被編輯為「什麼是雪？」、「雪如何影響人類？」書的章節應該把內容區分完整，每個關鍵問題都要獨立，不應與另一個問題有重疊之處。

㈥關鍵問題在課堂上要給予充分的探討時間

（The questions should be realistic given the amount of time allocated for the unit or course）

設計者要斟酌出實用的和關鍵的課程決定。如果你在「中國」單元上要花費 3 週的時間，所問的問題就必須跟花費 3 個月時間的問題數量和種類中做區分。根據我的觀察，在一個單元適用 2 至 5 個問題，平均需花費 3 至 12 週的時間，太多的問題會令學習者感到挫折。

㈦關鍵問題要有邏輯順序性

（There should be a logical sequence to a set of essential questions）

好的問題是能讓教師對學生解釋這些順序性的基本原理。如果基本原理不清楚，學習者就會有疑問。順序性不見得是嚴謹不變的，教師可以把問題做調整或跟先前的問題做比較，問題應該有焦點和方向性，而且不是隨意排列的。

㈧關鍵問題應該在班級中告知

（The questions should be posted in the classroom）

首先，關鍵問題的規範要是簡化且有用的提醒暗示，但是它是在預測長期

和了解孩子中最重要的因素。這些問題是要被公開的告知，對學習者的訊息是：這些問題對你來說是具有關鍵性的，這些問題為學習者及教師提供連續的組織與焦點。這些問題是一個參考點，當所有的教師參加跨學科教學時，告知這些問題，讓學生要能指出教師不只每個點都提到，也能分享對這些問題的觀點。

　　眼見為憑，我建議教師不管是學科本位課程、跨學科或是以學生為中心來斟酌他們的單元設計。他們必須聚焦在關鍵問題上的設計，課程地圖在一開始執行到順序性的反覆執行時，教師可以用關鍵問題使它可以變得更明確且有力。當教師在設計課程起點與終點時，參考課程地圖，將它轉換為關鍵問題，將能使課程更具關鍵性並且優質發展。

第五章

運用課程地圖進行發展性評量
（Using Mapping to Generate Developmental Assessment）

在研究課程地圖及其實施程序與教學的實地考察試驗過程中，我注意到一個關鍵性的問題，就是「評量」。在當學校解釋說明評量是用來證明學習內容精熟度及技能的獲得時，這樣的困境是很清楚可見的。值得注意的是：從幼稚園到十二年級評量的種類和型態是重複的。

舉例來說，「寫報告」是在小學高年級和中學階段都會被列出的一種評量形式，但是中學的報告會比小學更進步嗎？我的發現其實並不然。雖然對中學生來說，主題式的報告顯然是更為精準的，但是在種類報告或是型態上並非如此。換句話說，四年級學生在做報告方面的表現非常好：他們可以提出發現及組織資訊，然後再以自己的看法與方式呈現報告（見表 5.1）。中學生能做的更多，他們應該不只是在學習內容上的精進，也應該增加作業類型的複雜性，例如：簡報（position papers）、辯論和更多較複雜的報告。

我同時注意到出現在小學課程地圖中的「圖片」和「表格」重複地出現在中學的課程地圖裡。我再次發現同樣的情形，中學生常製作只是資料搜集的單

035

表 5.1　學習者和評量形式的相互配合

幼稚園至二年級發展特徵
認知層次是具體運思期；受感覺動作形式的支配；自我中心；平行遊戲仍是與其他同儕社會互動的最初形式；強烈需求與學校中重要成人和父母代理人是主要聯繫；樂於體驗與冒險；一般女孩的口語技巧發展較為清楚；一般男孩的空間動作發展較為顯著；不同地區的發展有明顯差距；說話技巧尚未發展完全；隨著學習者對語言與符號之間的表徵關聯的喜愛，逐漸發展閱讀與寫作技能。

幼稚園至二年級評量形式的範例	
標題	故事板
標註	故事脈絡
簡單的研究	圖／表
地圖	講笑話
重要問題的問答	觀察的繪畫紀錄

三至五年級發展特徵
認知的運作正從具體朝向簡單的抽象思考；學生能結合數個概念及理解因果關係；對世界感到有趣；有趣資訊的最佳報告者及搜索者；與同儕及教師之間的社會技巧需求強烈；喜愛大團體的計畫；開始關注社會中的其他人；肢體穩定且靈敏。

三至五年級評量形式的範例	
簡單的研究報告	延伸研究的報告
筆記卡	系列報導
短篇故事	圖文並列的教科書
作品分析	比較性的觀察
社論	

六至八年級發展特徵
身心發展的不穩定時期；進入形式運思期；尋求別人認同；提升自我感與對同儕觀點；喜愛公平、正義和信任的議題；生理發展明顯增進；同儕間的不穩定發展；出現對身體存在的自我意識；自我觀點與他人觀點產生衝突。

六至八年級評量形式的範例	
具說服力的短論	描述性的短論
分析性的短論	個人觀點的短論
假設檢驗	辯論會
藍圖與模型	劇本創作
博物館的標題	四個做筆記的形式

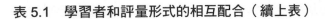

表 5.1 學習者和評量形式的相互配合（續上表）

九至十與十一至十二年級發展特徵	
九和十二年級生之間的顯著差異——從對青少年中期的關注到進展到成人前期教育；運用摘要概念的形式運思期；設計規劃；社交生活主要是小團體或是雙人的方式；性是一個議題；生理的快速成熟；對未來及下一步的關注。	
九至十與十一至十二年級評量形式的範例	
闡述己見的文章	法律個案的分析與討論
商業企畫	詩集文選
編舞	遊戲書
電影及文學的評論	進階的計畫與辯護
作品分析	模擬面試
個案研究	音樂創作

向度的表格，這是擁有高度學習熱忱的一年級學生就能夠做到的。

如同 Wiggins（1993）所指出，我們試著在教室中協助學習者尋求解答。課程地圖提供我們有詳細檢視當下教學的機會，並採「螺旋式」思考——強調新舊經驗之間的連結，用以檢視學習者的學習經驗。事實上，課程地圖最大的價值來自於：當教師團隊透過檢核課程地圖，以做出適切配合學生學習程度和期望的作業形式的決定。

這些檢核的工作常常呈現評量的形式，但並非總是能和學習者的年齡與發展階段相符合，雖然較高年級評量的內容與教材變得更為精進而有深度，但是評量的形式並沒有隨之進展。我建議評量形式的發展應符合學習者每個學習階段，並基於學生的發展特徵。表 5.1 描述了這些發展特徵（Piaget, 1932; Lickona, 1983; Selman, 1980; Kohlberg, 1981; Gilligan, 1982），我選擇了配合這些發展特徵所相對應的評量的範例，這些例子只能符合學習者適當評量作業形式中的小部分而已。

課程地圖關注的是評量必須被編輯、審核及修訂以反映我們對所關心學習者的了解，無論地圖在任何特定的年級層、同個學校的不同年級層或是不同的學區，教師們必須成為主動的編輯者，謹慎的思考並尋求在評量形式和學習階

段之間能與發展相符之處。當有幼稚園到十二年級的課程地圖時，這是一項特別令人興奮的任務，因為這表示課程地圖中評量形式的設計，能夠以螺旋式的思考，考量到學習者新舊經驗之間的相互配合。如果只有分年級層或是只有學校地圖，其他人沒有參與你的領域，學生會因為你花費時間配合他們的學習階段來改善他們的學習評量而獲益。

當課程地圖在不同年級出現評量形式有部分重疊時，這對檢視學生作業的範例也是有所幫助的。當教師及行政官員拿起學生的一部分文章或是一個計畫，這種的接觸能促進澈底的審視工作。偶爾，我看到中學教師因為知道他和他的小學同事要求相同的作業形式而感到驚訝；我也聽到中學教師們承認在中學裡他們並沒有為學習者準備更多比國小更有深度的學習課題。

學生作業的檢視著重在同一學校、年級層或是部門之間的討論。通常，教師之間對學年的課程期望有很大的不同。舉例來說，當一個教師團體檢視學生學習主題後所寫的作業品質和種類時，他們就有機會澄清評量和學習者發展階段的相符性。看到一個科學教師因發現學生對英文書寫的用心與精確性的提升而感到驚訝。當教師們一起檢視學生的作業時，教師們也能夠思考到同一個領域同事之間的普遍信念，例如：視覺性作業、口語表現及書寫等最佳表現的標準。

對於教師而言，在表 5.1 所引用的表列，及在每個項目增加一到兩個描述性的句子是很有幫助的。藉著表中對於學習者認知、社會及生理特徵的詳細說明，使教師們能主動的反思他們的學生是何人、什麼使學生產生動機以及學生的基本需求為何等等。這個活動應該特別針對住在教師們工作所在地的社區人口。舉例來說，教師應該思考學校的大小、位於城市、市郊或是鄉下、學生是升學還是就業取向、社會的價值觀及家庭的人口結構。

我們太常忽略學生的特殊性，基於多年的教學經驗我們有著普遍性的觀念，或是說我們對於這些學習者的期望是有固定要求的。隨著社會的不斷改變，我們必須因應對學習者的不同而做調整。簡而言之，除發展性的考量之外，其

他一些附加資訊都是學習者成功的關鍵。

　　例如：由語言技巧的觀點來看，許多老師在工作中發現學生人口的差異性逐漸增加時，將這些差異性的考量納入評量形式的解釋說明是很明智的。另一個直接影響評量的因素是班級的大小，顯然地，學生人數會影響其教室經驗的獲得。

　　當兒童隨著時間發展，螺旋課程的概念（Bruner, 1966）會逐漸顯現出來。隨著學生的發展及過去的教導，我們應該為學生增加評量形式的複雜性，同時提高其技能和概念的要求與期望。

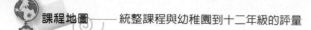

第六章

廢除課程委員會的個案
（A Case for Eliminating Curriculum Committees）

不管是談論到報紙印刷品、黑板、粉筆或是電腦螢幕，科技的進步總是能為莘莘學子們創造出許多令人振奮的可能。隨著每一項引進教室生活的新科技，學習者們不斷地自我調整，並且欣然地接受改變。對於教師和行政人員而言，以持續、創新的信念，來處理其專業工作是非常重要的。在課程決定方面，課程地圖正好提供了一個能反覆思考基本假設的機會。最重要的是，資訊的直接獲得，使課程地圖能夠提供脈絡和基礎上的改變，以發展與提升課程及評量。

一、傳統的方案：課程委員會議
（The Old Scenario：The Curriculum Committee Meeting）

課程委員會議進行的場所是在課後的教室。參與「學科領域課程委員會」（District Science Curriculum Committee）的教師們都是由課程委員會依照其領

域的特殊專長所甄選出來的。教師們必須照課程表中所列舉的目標和技能以教導學生。因此，當教師在自己的班級中改變課程和教學的對話方式時，課程委員會存在的真實宗旨也就幻滅了。

　　課程委員會議的任務是去呈現出每間學校正在進行的課程。在會議上，四間學校中每一間學校都有兩位小學的教師代表、兩位中學的學科教師代表、兩位高中的學科教師代表以及學科領域的主席。事實上，不管這些教師們是多麼的稱職，他們都無法代表他們的學校——因為他們不能，也無法了解所有正在教室中進行的事情，每一位教師充其量都只能誠實的報告出「自己」班上所發生的事情。

　　例如：我們以兩位國小老師為代表，一位是二年級的教師，另一位則是五年級的教師。他們無法訪問每一位校內的同事，以記錄在學校內發生的事，因此當會議中討論小學課程時，這兩位代表就只能談論一些他們所知道的，或是在他們教學班級中的一些基本情形，他們是以一種較狹隘的觀點來報告發生在學校中的事情。

　　最後，最危險的結果就是——將會議中多次討論的結果，在主題孤立以及未審慎考慮其他相關主題的情形下，就決定教學的內容。這種情形已有相關的實證：在國中教授美國歷史，卻在大學二年級教授美國文學作品。這種情形不僅會阻礙內容領域的整合，且也會令教師喪失對跨學科整合與評量的機會。

　　如果教師們想要提供給學習者一些即時可用的資訊，他們可以連結更多的任務、經驗、課程和計畫，而課程地圖則幫助教師達成了這樣的目標。學校的部門會議並不需要拋棄以往的學校議程，取而代之的是不斷地關切他們的目標。垂直課程的銜接必須依賴在水平統整課程的之上，如果教師們有更多機會審慎地設計所有的課程，那麼他們就應該能融合並強化一些關鍵的概念、技巧和評量了。

　　在宏觀的角度而言，課程地圖針對課程設計的過程，提供了三項能夠改變課程決定的重要「資產」（assets）：(1)對資料立即的接受，(2)分析並搜集所有

的可能性，(3)輕鬆的與他人溝通。

　　配合著手邊的課程地圖資料，想像我們上述提及的課程委員會。課程委員會的主席可以從四所國中小學，迅速得到一份不包含其他學科領域的操作課程影印文件。中等學校的教師們可以在小學和中學的轉銜階段，思考其學科方案的真實性觀點。各學科間的可能性都開放給高中和中學教師們，使其再次思考課程的水平發展。課程委員會是探討教室中正在進行的事，而不是討論其他人認為教室內可能在進行的事。

　　或許「雨林」（rain forest）這個關鍵字早已被輸入到電腦裡，以便搜尋是否在學校學科中已經教過這個概念。根據課程地圖的運作，電腦可以搜尋到十二年級的課程中有七處出現「雨林」這個關鍵字，或者為了能找出改善談話和研究的技巧問題，專案小組在電腦上輸入「訪問技巧」（interviewing skills）這個關鍵字。電腦上列出許多的搜尋結果，而發現第一筆搜尋結果是出現在三年級的課程中。隨著這些標準的出現，老師可能可以在學區的課程地圖裡，搜尋如「樹狀圖」（bar graphs）的評量型態，以檢視從小學到高中的數學班級中，他們是否已經充分發展了處理複雜知識的能力。

　　在我們輸入一個特殊的關鍵字之後，在電腦上可能沒有任何的發現，這突顯出一個明顯的「缺口」（gap）。如果專案小組在電腦上輸入「批判思考與電視」這組關鍵字，卻沒有得到任何的發現，這就表示他們可能發現了一個亟待開發的知識領域。

　　這幾年來，我們欠缺一股理解課程整體脈絡的力量，以幫助我們做出課程決定。這些資訊可能可以傳達課程決定中所遺漏的部分，或是告知我們在課程決定中無法搜集和理解的部分。若我們忽視了許多陳述不實際的目標課程指引，當我們使用這些指引時，它們將會扭曲了課程決定。但日曆式行事曆（calendar-based）的課程地圖卻提供我們一個新穎且實際的選擇。

二、課程委員會之外的選擇
（If Not Committee, Then What？）

隱藏在"committee"裡的字"commit"包含了三種明顯不同的涵義。第一種指奉獻和堅毅不拔，另一種是指為了有益的或為消極的目的而實施或履行某件事（例如犯罪），第三個則是指限制和制度化。

這三個涵義之中包含著一個問題的解答：為什麼這麼多學校和學校的課程委員會不能有效地運作？這都是受限於課程委員會的「本質」——妨礙那些為人們真誠奉獻的團體，不讓他們去進行有意義的工作。我認為，大多數的課程委員會會員都是尸位素餐（他們始終都處於同一個適當的地方），當行動被制度化，這些行動會自然轉變成例行公事。這並非代表課程委員會不曾成功，但只能歸咎於它們原有的設計本來就有內在的問題。

我建議以學校本位管理、組織心理學、系統理論及田野觀察的想法為基礎，取代原本程序繁瑣的課程委員會。無論如何，課程委員會的核心元素，就是指能藉由科技，以提供所有成員一個必要且能從課程地圖上獲得的資料庫。

三、會議、研究成員和專案小組的組織
（Organization of Councils, Cabinets, and Task Forces）

採用一套四部曲（four-part）的方案以取代各部門的課程會議，並提供課程決定時，一項更有影響力和價值的工具：

1. 每個學校都是由教職員所組成，所有教師都參與編製課程地圖的工作，他們也都是運作課程的發展者。在這個團體中，包括一些直接或間接影響課程的相關人員，例如：指導顧問、圖書館員及媒體和健康方面的專家。

使用日曆化行事曆的課程地圖,每個教師都應在電腦上輸入他們正在班級中運作的課程。這是所有工作中最重要的,因為最後教室將會成為發展內容、技能及評量的場所。只有教師這樣的專業人員,才能真實地報導出學校內正在進行的事。

2. 如果教師有一特殊的顧慮或需求,那麼他應該在學校本位的課程會議中提出來(詳見圖 6.1)。這個會議是由教師及行政人員所組成,代表學校全盤的計畫。在小學裡,可能會有特殊領域的教師、特殊教育、媒體專家和輔導者等相關代表出席會議。在中學裡,也可能由團隊、學系、部門、特殊領域、特殊教育、輔導者及媒體專家之中,推舉出參與會議的代表人物。特別需關注的是,圖書館的媒體專家是一個潛在性的角色,他們的重要性就如同一把轉動課程地圖的鑰匙一樣(Eisenberg and Johnson, 1996)。媒體專家現今已經使用最密集的資源中心以支持課程的運作,通常媒體專家都善於使用電腦,並且能協助那些較不願接受改變的同事。這些圖書館的媒體專家在課程地圖的發展中處於樞紐的地位,因為有他們,科技與全體教職員二者才能緊密連結。

從全體教師對課程地圖的回顧中,學校本位課程會議應該仔細思考一些論點:調和學校本位的力量,以搜集課程地圖的資料;協調關於內容、

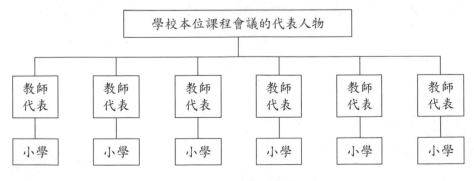

圖 6.1　學校本位課程會議

技能與評量在教師、行政部門和團隊之間爭論的觀點；在學校性的會議
中，提出學校本位的觀點。值得一提的是，當議程與教師有切身關係
時，每一位教師都可以來參與這項會議。

3. 我們透過「學區課程中心」（district curriculum cabinet）或是「學校課
程中心」（schoolwide cabinet），協調重要的廣域性工作（如果這個學
區只有單一學校、單一校區或私人機構的話，就由學校部門來負責協
調）。在定期性的成員層級會議中，所有來自不同地區和層級的代表，
都會派遣他們的次級團體做為該地區的代表，如圖 6.2 所列。

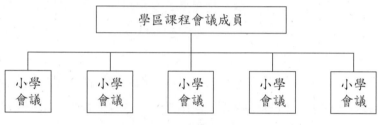

圖 6.2　在學區的層級

各地區之間的關係，是以各學校之間的供給者模式（feeder pattern）為
基礎（詳見圖 6.3）。換言之，協調性的議題應該聚焦在學校中與學生相
關的範疇上。例如：如果在各小學之間，存在著足以影響學生升學的差
異性問題時，那麼學校的課程會議就應該說明這些差異的現象。

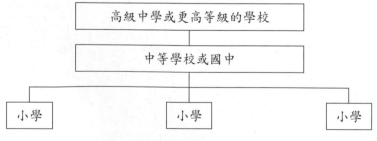

圖 6.3　學校會議之間的關係

學校課程會議成員的角色跟出版社的總編輯有相似之處，總編輯不用從事寫作，但他卻必須檢查這一系列主題的出版品，以確保它們之間沒有太大的差異，並且將它們轉化得更為清晰易懂。在相同的特質下，學校課程會議的成員只需關注那些學校性的議題，而非學校性的議題則屬於學校本位的事務。學校的課程會議應該回顧全面性的課程地圖，並且預先考慮到會影響學生離開學校的議題。

4. 當會議的成員發現學生有集中學習和發展的必要時，他們就成立「學區專案小組」（詳見圖6.4）。在必要的情況下，一個學校本位的會議能夠成立一個學校的專案小組，在以下兩個例子中，專案小組只在有需要的特殊地區才會運作。例如：如果有一所小學想要在它的學校中，檢查數學教具的購買情形，校方就能組成專案小組來負責這項工作。當購買完成而且經由評量之後，校方就可以解散專案小組。在這樣的案例中，若其他小學也對這樣的購買方式感到興趣，就不需要再透過學區層級的介入了。

圖 6.4　學區專案小組

如果在跨學校與所有教學層級的評量報告中顯示出一個專案小組關心學生的寫作素質；那麼，學校性的寫作專案小組就會依據特殊的目的、功能與目標來成立。對每個專案小組而言，行動計畫（action plan）是一個很重要的層面，而且在這裡是必要的。

簡言之，教育學者們都應參與一些有必要性與目的性的會議，有組織的脈

絡也能夠提供適當的課程決定。在這四部曲的方案中，相信透過教師和行政人員組成的課程計畫團隊，其編製課程地圖所獲得的資料，將是一個取代 19 世紀末期舊課程委員會（vestiges）的可行之道。

第七章

實務工作者實施課程地圖的歷程
(Practitioners Talk About Making Maps)

在過去 10 年之間，我很幸運地能跟許多學校的教育執行者與教師一起執行課程地圖。在本章中，我特別提出這些教師給我的建議和分享，他們在這個討論當中，看見了課程地圖是如何提升和提供正確的建議，以及證明課程地圖所提供的正確觀念。

一、 南區 Magnet 學校課程地圖的實施
(Mapping at a Southern Urban Magnet School)

Chattanooga 學校是在田納西州市區，隸屬於幼稚園到八年級 Magnet 學校的文學院。這個學校的執行者 Mary Ann Holt，她分享在學校執行課程地圖的經驗。

課程地圖給我們一個審視的機會，例如審視「我們到底教了些什

麼？我們用什麼方式教學？以及我們教學上有哪些問題？」如你所見，我們將整理出來的課程地圖張貼在每間教室的外面，好讓觀摩者、家長以及有興趣的人士了解內容。我們認為這些地圖的作用，在於提升並期望改變與成長，以順應我們的改變與成長。

課程地圖是一種動態的課程，實施過程所花費的時間是值得的。一旦教師們使用課程地圖做討論時，興趣也跟著培養起來。當教師深入其中時，這個課程就變得強而有力，這也使得我們學校變得富有活力並更具反應能力。在許多案例中，教師在執行課程地圖時，透過教師們的協商和開放的觀念與技術來解決問題。為了建構課程地圖，教師們彼此交換資料和觀念。這使我們必須面對學童每個領域能力的培養：「當一個孩童在幼兒階段的時候進入我們的學校，並在八年級要離開的時候，他對每個領域的認識有多少？他離校的時候具備什麼樣的能力？」

課程地圖是可隨時存取的 E 化資料，它儲存於電腦中，每個教師都有一套完整的系統，每當整體的課程有所改變時，他們也能輕易地修改教學的方向。我們發現這個系統對每學期課程的銜接的確有很大的幫助，這些課程變更的資料在年底時會重新做備份，我們藉由這些資料來統整並尋找新的定位。自從教師重新整合領域性的課程地圖，加速了統整性地圖進展。教師們喜歡使用這個理念，就如同一位引導者，所以強迫整合的問題其實是不存在的。（請參閱附錄三）

在此特別提到教師們的規劃必須和教學媒體專家配合（當課程地圖成形的時候）。這樣的配合不但能夠使教材單元化，而且能夠在課程開始之前確定所需要的教材內容和教材取得的時間。這樣的配合也能夠讓教師們在教學時彼此配合。教師和教學媒體專家的配合，使彼此都可以在課程未實施前看見學校整體的教學藍圖，另外可藉此讓圖書館的使用更自然地融入課程與教學中。

我們沒有忘記這當中最重要的因素：「孩子們！」我們在規劃課程地圖時需將學生考慮在其中。因此我們使用 "KWL" 來規劃。K 的意思是，對單元計畫你的了解有多少？（What do you know about the proposed unit?）W 的意思是，你想要了解什麼？（What do you want to know?）L 的意思是，在課程結束後你學到什麼？（What have you learned at its completion?）

在 Chattanooga 學校，我們深信課程地圖會成為強而有力及具邏輯性的管道，藉此讓教師得到教學經驗，並讓家長了解我們給予孩子們的教育。

二、 偏遠地區課程地圖的實施
（Mapping in a Suburban District Engaged in Reform）

另一個提供課程地圖遠景的是一位在紐約市郊 Westchester 郡 Mamaroneck 高中的校長 Jim Coffey。

課程地圖駁斥佛蒙特州農夫的格言：「你從這裡是不能到達那裡的！」事實上，課程地圖詳細的解釋這裡和那裡的關係。兩年前，我們高中開始一項重要的創作，為新生建立一個包含九年級各學科間的人文科學課程團隊。偶然的，我們跟 Jacobs 共同工作，他幫我們建立英文和歷史的課程地圖。第一次，這個團隊中有才能的教師們共同合作並提供地圖要素，我們很清楚的看出課程中交錯的重點。

由於美國的教室通常被規劃為各自獨立的空間，要鼓勵教師們進行真正的協同教學確實是一項挑戰。對於促進產生課程間的對話，提供課程地圖的建議乃是一個極好而且不具脅迫性的切入點。課程地圖的團隊抱持客觀的立場，而且歡迎各種自由的討論。

　　為了執行一些學校的課程地圖計畫，從一地區或特殊的訓練開始著手是較明智的。同時，若要管理全校課程的運作可能會非常吃力，而且也可能會不小心地忽略一些過程，所以讓教職員們建立對課程地圖需求的體認是很重要的。一個試圖為學生在畢業前應該習得的知識著想，而且配合意願甚高的學校，是促進課程地圖豐富對話的理想對象。

　　在這所學校從事課程地圖的是一群活躍且開放的人，他們正在積極的對話、討論、和熱情的互動。隨著 Jim 的鼓勵和編輯者的投入，我在課程上寫一個問題和答案來介紹家長團員和社區成員（你可從附錄一中發現）。

三、 紐約市郊一所學校課程地圖的實施
（Mapping in a Large New England District）

　　當課程地圖備受矚目的時候，便產生了移轉現象，這當中有幾個認知考量的層次，使得學生整體表現和教師的教學成長都跟著改善。Carol Perotta 是康乃迪克州 West Hartford 公立學校的監管助理，她分享她稱為「解決課程困境」（solving the curriculum puzzle）的教學經驗。她和其同僚成立一個決策組織，促進學校和地區層級人員的合作。

　　這個系統使得學校和移轉現象的層次大大提升在動態機能性的分擔上，實行這樣的系統和架構來精密地檢測 West Hartford 公立學校的課程。主任們和教師們同樣發現課程地圖是最能變通和非常有用的工具，為了找出學區所需要的課程，我們成立了學區課程的設計小組，該小組成員來自教育局的代表、課程研發處，以及每個國小、國中與高中的教師代表，在每個代表底下再設置一個建構層級的課程規劃小

組，這些規劃小組所做出的決定，最後會交由研究小組的代表提出以決定最後的課程，這樣決定的過程具有高度的影響力。在這樣的過程中，規劃小組和研究小組都發現建構課程地圖是教學課程中關鍵性的要素。

通常在年初的時候就開始建構課程地圖，然後他們便會定期性地回顧過去的經驗，和評估課程的成功與否。所有的學科都以學生在指定的時間內，需要獲得的對課程的基本了解與基本技能，以及達成學習目標的活動與評量方式來設計課程地圖。一些像是學科間、和特殊領域的老師間、田野調查，或者其他的事件等等可能進行整合的項目，也包含在課程地圖的設計當中。

最後一點是關於課程地圖的一項優點。當一位國小四年級的教師在思考「何謂歷史？」這個問題時，基本上這是個社會科的主題。相關的活動包括造訪當地的史料館（oral histories），以及結集完成學生的口述歷史。這位教師透過主題的重疊延伸到其他的學科領域裡頭，例如閱讀／文學，選擇一部 Laura Ingalls Wilder 所寫的歷史小說。同樣的，一個命名為「描述一個捉迷藏的地方」（Describing a Hiding Place）的寫作活動，在能促進學生發展寫作技巧的同時，也去探索他們個人的生活歷史。一個以空間概念為主題的國中課程實例涵蓋了許多探索有關於圓周、重量、地心引力和時間概念的數學／科學活動。將這個主題與語文科做結合時，學生就閱讀科幻小說或是太空人的自傳。在美國原住民（印地安人）、希臘、羅馬以及中國的神話（Chinese Mythologies）與宇宙觀（世界觀）的研究也投入了多元文化與歷史的觀點。當教師在修改課程地圖時，他們能夠很輕鬆的找到許多科際整合的機會。

教師們也發現課程地圖在其他領域和事務有相當的益處。一位教師提到他們能將課程做良好的順序安排。一位新教師指出，課程地圖

幫助她跟更有經驗的教師在一起時感到有自信。其他的也表示有自信，他們知道自己的工作可以藉由課程地圖來呈現。教師欣賞課程地圖的彈性；他們提供如一個像是簡介，但是可以彈性修改的課程。一位國小的美術老師發現，翻閱其他老師的課程地圖，可以幫助她設計出能夠和教室活動相聯結的美術課程，因而超越了在美術課程中其本身所提供的整合。最後，課程地圖能夠提供各年級都適用的學區性課程，促進各學校間素質的均等。

對於課程計畫，課程地圖展現大量的資訊。課程內容的間斷與重複容易被發現。隨著教師所輸入的課程，以學生發展能力和適宜的順序為基礎做判斷，以填滿課程內容的缺口和刪除重複。

課程發展是一個評估進行的過程，是一個混合新科技、研究和方法論在全部結構的成果，甚至目標保持不變：一個準備讓我們的學生達到學習最高水準的課程。課程地圖是教學實務工作者的基礎工具，也是根據過去成功教學經驗所打造出來的根基。

四、課程地圖：一位中學英語教師課程科技化的運用
（Mapping, a Middle School English Teacher, and Technology）

康乃迪克州西岸的一位中學英語教師 Werner Liepolt 從不同的角度去看課程地圖，他也是哥倫比亞大學教育學院的講師，並且與蘋果電腦有合作。大約在數年前，我遇見了 Liepolt，當時我被邀請至西岸的公立學校去談論課程地圖。我向他提到一套好的電腦軟體程式，對教師在課程地圖的製作上有很大的幫助。因此，Liepolt 和他的同事 Bob Matsuoka 為教師發展出一套能有效率製作課程地圖的軟體程式，稱為 "The Cartographer" （Liepolt and Matsuoka, 1993）；可在 http://www.cmap.com 看到 Liepolt 對軟體的介紹。

　　設計 The Cartographer 這套軟體的核心問題，就是如何將我原先的想法持續保留著。因此，我必須將問題一分為二：(1)如何將現有的課程地圖資訊輸入電腦；(2)如何將已經完成的課程地圖資訊從電腦輸出。資訊的內涵分成內容、技術和評估這三個類別，必須花費時間去重新建構。起初，我認為我們在建構課程時，應該以一個學期或是半個學期為單位，但是最後我們決定以日曆式的行事曆（calendar-based）為依據。畢竟，日曆式的行事曆是全世界共通的方式。

　　教師必須很容易地看懂這些製作課程地圖的工具。據我所知，一些擁有博士學位的教師，在使用文書處理軟體上是有問題的，因此，課程地圖工具必須比文書處理軟體更容易使用，像是沒有邊際與繁雜的設定，只有對文字增加敘述：例如黑體字、底線和斜體字。

　　我讓教師受最少的電腦訓練，並記錄下他們的專業工作，無庸置疑地，膽怯將會阻礙這個過程。在早期，有人建議秘書也能被訓練參與課程地圖，藉由他們可以得到並了解教師的手寫草稿，這樣我就無需那麼辛苦的與每位教師做記錄。不過我很快的就阻止了這樣的想法，畢竟課程地圖和使用者有著很微妙的歸屬關係，並且是屬於教師的所有權……特別是在使用電腦的層面上。教師使用 The Cartographer 這套軟體將他們的課程地圖輸入電腦之中，這樣可以方便他們工作、修改、提升品質和更新他們的課程地圖，而且當他們有需要時，也可隨時使用。另外，教師使用 The Cartographer 這套軟體輸入課程地圖，將課程計畫與科技整合在他們課程之中。

　　Liepolt 和 Matsuoka 是非常用心使用科技來塑造 21 世紀最好的教育家，他們使用電腦科技協助他們的同事在課程上做改革。然而，課程地圖不受教師是否適應新的科技或是會不會使用電腦等因素的影響。

　　對於沒有科技背景或未曾使用過電腦的教師，使用一大張的海報紙張貼在

牆上也許是一個簡單的開始。我曾經和教師們使用不同顏色的標籤代表不同的主題或是不同的資料（內容、技能和評量）。對教師而言，在海報紙上使用各式標籤來標記是很好用的方式。我第一次設計課程地圖的經驗是在 70 和 80 年代的中等學校會議，我們以手寫方式將課程寫在大型索引卡上，將這些卡片依據每個月份做整理和編輯，然後排列放在圖書館的大桌子上。

我提倡科技運用在教學上的益處，而且電腦資料庫可以提供專業的知識和資訊。如果教師沒有使用電腦的經驗，但是仍然願意輸入他們的資料，這時就必須選擇一套合適的軟體。許多學校都有科技專家協助這些教師去發展版本，進而實施課程地圖。他們使用一些眾所皆知的文書資料軟體，譬如：Hypercard 是為 MAC 用戶專用的，Clarisworks 是為 MAC 或是 Windows 的用戶，或是使用 Windows-based Microsoft Office 裡面的 ACCESS 和 EXCEL。

其他學校則是使用軟體開發公司所設計的軟體，譬如 The Cartographer 來發展課程。不論是用電腦或是紙和筆，重點是對教師保證，課程地圖的產生是一個簡單的過程。

五、農業地區課程地圖的實施
（Mapping in a Rural Regional District）

Lyn Haas 是一位主管，他提出一個非常具洞察力的改善方式——課程地圖要如何著手開始。Haas 在南佛蒙特的西南維梭視導單位（Windsor-Southwest Supervisory Union）負責創始和課程地圖的執行。教師們描繪許多農業的學校構成新英格蘭（New England）風景，成為 Haas 所領導課程的基礎。在這廣大的地區中，學生來自不同的小學和中學，帶著各種不同的人生哲學進入青山聯合高中就讀。在這裡建立一套共同通用的課程地圖，並且有彈性去適應各種學校的背景是非常重要的。

　　事實上，課程地圖很早就開始著手進行，教師建議將編制課程地圖的過程分成三階段，使他們在成長過程中成為科技使用者。在第一階段，教師輸入他們的資料，我們發現一件很重要的事，就是教師必須容易了解電腦程式。我選擇使用 Clarisworks 來建立一個簡單的資料庫，因為這樣每個人都能順利的使用它，我鼓勵各學區的教師一起參與這個程式的建構，使教師自己便於使用。

　　第二階段，課程地圖的編制增加了教師在電腦知識涵養的程度。我們當中的一些教師在 PIVOT 上了一些電腦軟體的課程，學會了這套軟體程式，教師不僅可以輸入課程地圖的紀錄，還可以展示課程單元、教學過程。另外，當你輸入任何新的資料時，還會建議參考一些標準值。PIVOT 的軟體在課程地圖上增加專業的範圍，並且能透過網路傳遞課程單元內容給其他教師。

　　第三階段，我現在所見的是在學術電子檔案單位（Scholastic's Electronic Portfolios）工作的教師所組成的團隊，他們搜集學生的評量、作品和表演，以做為我們累積經驗和分享的基礎。這個程式提供一個簡易的方法儲存大量的資料在電腦硬碟中。

　　以上這三個階段的焦點集中在幼稚園到十二年級課程地圖的核心和影響力。藉由這套軟體將片段的課程聚集在一起，並儲存於電腦之中，然後很突然地成為教師自己特有的專業知識。

　　Haas 教師領導的經驗很接近於建構課程地圖的過程，其中的例證有許多「嘗試」。他們在課程地圖會議中實行這樣的模擬，以便在不同的學校會議上做好準備；因此，永遠別低估課程地圖產生過程的方便性。

　　到此也清楚可見，從專業的目的來看待科技的使用，會激發教師增進個人的領悟力和技巧。從不少的管理者和行政人員的分享與觀察中可以知道，科技確實影響教師使用的方便性。

總結來說,課程地圖的編製者提供一些相當不錯的教學建議。

1. 課程地圖可以建構一個以溝通需求為目標的明確方案。課程地圖不是哲學,它做為代表找出在任何條件下可運作的課程安排的手段,也找出不論現在或是未來所流行的趨勢(參閱本篇第一章和第三章)。

2. 為了學校的進步,考量全體容易開始的程序。在學期要求提高品質、有效和修正程式,使老師容易設計課程地圖是很重要的(參閱本篇第二章和第七章)。

3. 考慮全體的科技能力。使用大家容易上手的程式。確保全體成員在設計課程地圖可用的方式,不管他們開始是用紙和鉛筆或是一套簡易軟體程式(參閱本篇第七章)。

4. 在課程地圖製作的第一年,給予全體成員充裕的時間去互動。第一年是澈底的全面資料搜集。設定課程地圖編制的範圍是要相當謹慎的,因為教師需在計畫期間承擔任務與責任。如果範圍太大,會使大家的時間消耗在審查搜集的資料上(參閱本篇第二章和第三章)。

5. 重新考慮地區性協調的角色。授與真正做決策的權力到區域課程理事會,將有助於整體的協調。課程地圖提供機會讓好的方式來取代現有的課程結構(參閱本篇第六章)。

6. 刺激教師們用他們自己的技能來編制課程地圖,會有意想不到的可能性與創造性。不論他們是在編輯課程的根本問題或發展評量上,教師都可藉著這樣的訓練,修訂和更新他們的課程(參閱本篇第四章、第五章和第七章)。

在這一章裡,建議教師反省時間、工作和思維。課程地圖對教師和其他人變得是首要的。他們希望增加教師和管理者的能力,透過他們在學校的經驗提供給學生更多連貫和聚焦的經驗。

參考文獻

ASCD. (1993). *Integrating the Curriculum* (videotape). Alexandria, Va.: ASCD.

Bruner, J.S. (1966). *Toward a Theory of Instruction.* Cambridge, Mass.: Harvard University Press.

Costa, A., and B. Kallick. (1995). "Through the Lens of a Critical Friend." In *Assessment in the Learning Organization: Shifting the Paradigm,* edited by A. Costa and B. Kallick. Alexandria, Va.: ASCD.

Elsenberg, M., and D. Johnson. (May–June 1996). "Computer Literacy and Information Literacy: A Natural Combination." *Emergency Librarian* 23, 5: 12–16.

English, F.W. (April 1980). "Curriculum Mapping." *Educational Leadership* 37, 7: 558–559.

English, F.W. (1983). "Contemporary Curriculum Circumstances." In *Fundamental Curriculum Decisions,* edited by F.W. English. Alexandria, Va.: ASCD.

Gilligan, C. (1982). *In a Different Voice.* Cambridge, Mass.: Harvard University Press.

Jacobs, H. (1989). *Interdisciplinary Curriculum: Design and Implementation.* Alexandria, Va.: ASCD.

Jacobs, H. (October 1991). "Planning for Curriculum Integration." *Educational Leadership* 49, 2: 27–28.

Jacobs, H. (1996). "Redefining Assessment." In *Social Studies Educator's Handbook,* edited by Marianne Gunderson. Upper Saddle River, N.J.: Prentice Hall.

Kohlberg, L. (1981). *The Philosophy of Moral Development.* San Francisco: Harper and Row.

Lickona, T. (1983). *Raising Good Children*. New York: Bantam Books.

Liepolt, W., and B. Matsuoka. (1993). The Cartographer. (software program). Westport, Conn.: Collaborative Design. (Contact: Collaborative Design, 27 Bridge St., Westport, CT 06880.)

Piaget, J. (1932). *The Moral Judgment of the Child*. Glencoe, Ill.: Free Press.

Selman, R. (1980). *The Growth of Interpersonal Understanding*. New York: Academic Press.

Sizer, T. (1984). *Horace's Compromise: The Dilemma of the American High School*. Boston, Mass.: Houghton Mifflin Company.

Wiggins, G. (November 1989). "The Futility of Trying to Teach Everything of Importance." *Educational Leadership* 47, 3: 44–59.

Wiggins, G. (1993). *Assessing Student Performance: Exploring the Purpose and Limits of Testing*. San Francisco: Jossey-Bass.

附錄一
關於課程地圖的問題與解答

一、何謂課程地圖？
（What is curriculum mapping?）

　　課程地圖是以學校行事曆做為組織，以在學區內收集真實課程資料的一種過程，資料收集的形式是依照教師對學生呈現真實學習經驗所得的概觀而形成。課程地圖最基本的目的就是溝通，集結每位教師在學校內所發展的課程地圖，就能提供 K-12 課程在縱橫面上有更有效率的使用。課程地圖在學期階段中所呈現的不只是「應該會發生」的事情，而是「正在發生」的事情。資料提供了比教室內每日例行性觀點更廣的概觀。課程地圖的確是提供課程決定，以創造「偉大圖像」的重要工具。

二、為什麼需要課程地圖？
（Why do curriculum mapping?）

　　學習者在課程中遇到的實際問題通常是在做決定時非常重要的部分。但是對教師和學校而言，搜集所有的資料是一項極大的要求，並且也是極端困難的。即使是在同一間學校裡，想撥出時間與許多年級、科別和團體進行討論也是一項挑戰；因為在同一間學校中，在溝通上亦有實際的「鴻溝」（Grand Canyons）。在課程整合中，不但要包括垂直計畫並且也需包含水平計畫。要是我們無法瞭解學生過去經驗的脈絡，我們就會做出孤立的決策，而藉由課程地圖則能滿足上述提及的所有挑戰。

三、課程地圖如何讓學校受益？
（How can curriculum mapping benefit a school district?）

　　課程地圖的龐大價值在於能使教師在其崗位上充滿信心的進行編輯校訂、檢閱、證實和發展課程與評量。配合著 K-12 課程在教室中實際進行的觀察紀錄，可發現每位教師都變得更有自主權，並且能為孩子的未來做更健全的準備。在課程的任一學年期間，不管教師們在各年級或各學科的團隊裡，都能夠更輕易的計畫學習和活動，或是協調學習與活動。行政單位也能夠做出更使人信服的決定，因為不管是在學校裡或是在各學校之間，他們對於正在進行的課程都掌握了更充分的資訊，因此學校能夠使當前的評量適配於所有的標準。事實上，對任何一個個體或是一群委員會而言，想要讓課程永遠保持在最完美的狀態的確是不可能的。課程地圖提供了一項直接、誠實和容易使用的工具，以幫助學區裡的所有團體達成他們的任務。

四、在地圖中能顯示出什麼？

（What is shown the map?）

有三種類型的資料被收集在地圖中：對內容的簡短描述（不管是以學生為中心的內容、各學科之間的內容或是學科為主的內容）；強調過程和技巧的描述；顯示學生成長檔案的評量類型（國內之檔案評量）。

五、地圖會導致課程標準和刻板化嗎？

（Do maps make the curriculum standard and rigid?）

不會——正好相反！刻板化一般是發生在溝通不良和課程難以修訂的情況之下。因為課程地圖是處理實際生活的課程工具，所以它可以促進「生動課程」（living curriculum）的發展。教師們能夠「說什麼像什麼」（tell it like it is），這比他們運用制式化的方法去描述教室的流動情形來得好。當我們把課程地圖輸入到電腦中，課程變革與提升的可能性將會增加，並且促進訊息流通的自動化。

六、課程地圖會改變我們做課程決定的方式嗎？

（Will mapping change the way we make curriculum decisions?）

一般而言，學區極少依賴課程委員而較常偏向學校本位（site-based）課程的小組成員（cabinets）。每個學生對學校的參與，也同時代表了課程計畫的焦點所在。藉著協調學校本位小組成員在關於變遷水準基點上的議題和問題，以及 K-12 教學實踐的主要行動，學校可以為學習者提供最好的服務。學校花費越來越多的時間在計畫課程與評量方面，配合課程地圖所提供的可靠性資料，學校在實用性的決定上已變得更有效率。

附錄二
關鍵問題之範例

基本問題

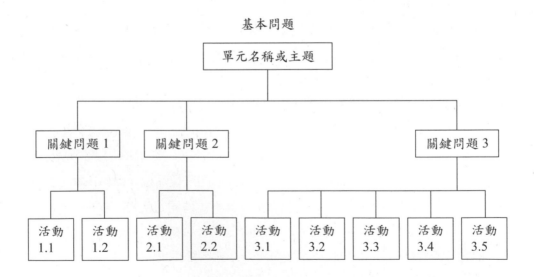

飛行

- 什麼是飛行？
- 自然界的事物如何飛行？它們又為什麼能飛行？
- 飛行如何影響人類？
- 未來的「飛行」會演變成什麼樣子？

（四年級，六週的教學單元）

智力

- 什麼是智力？
- 智力如何發展？
- 智力如何測量？
- 智力是人類獨有的現象嗎？
- 智力將如何改變？

（十一年級，四週的 A.P.生物教學單元）

乘法

- 我將如何學習乘法？
- 我將在什麼地方運用乘法？

〔二和三年級（高年級教室），三週的密集數學單元，而這個技巧被貫穿在這一年的學習之中〕

偏見和寬容

- 不同種族的人類偏見是什麼？
- 如何教導寬容？
- 個人和團體偏見曾產生什麼衝擊？

・我如何能更具有寬容力？

（八年級，三週的科技整合課程單元）

每天的物理學：交通安全

・汽車、船、飛機如何為乘客變得更安全？
・駕駛規則如何幫助駕駛者有效率和安全？
・安全和速度能同時兼顧嗎？

（十二年級，六週的物理學課程，採用專題討論會的模式進行）

遠古埃及：法老王的家鄉

・為什麼是埃及？
・遠古埃及人的主要貢獻是什麼？
・他們的遺物是什麼？

（六年級，七週的人類學單元，中等學校的科技整合課程）

獨立研究：青少年的出版

・什麼個人傳記能支持青少年作者？
・出版社如何做出有關提出稿件的決策？
・我如何計劃達到出版目標？
・我如何準備從事出版的職業？

（八年級，一學期以學生為中心的課程觀點）

愛滋病：世紀疾病

・什麼是愛滋病？它和其他病毒有什麼不同？
・愛滋病如何影響個人？
・愛滋病如何影響社會？

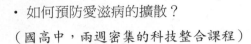

- 如何預防愛滋病的擴散？

（國高中，兩週密集的科技整合課程）

雪

- 什麼是雪？
- 雪如何影響人類？
- 雪如何影響我？

一年級，三週的科技整合課程。

日本：全球性的研究

- 在日本，個人扮演的角色為何？
- 日本的自然環境如何影響人們？
- 日本的社會結構為何？
- 為什麼是日本？

（九年級，六週的英語、社會學習和人類學課程）

附錄三

課程地圖實例

你可以在這個附錄裡找到一些能夠以多樣方式來輔助你在學校地區的地圖範例。其中有些是較深入的，有些是著重在老師身上，有些則是對老師投入的層次。當你檢閱這幾頁時，記得要以學校的全圖來看待每一個地圖。當老師或是校長已接觸到所有的學校地圖，整個大局面就馬上呈現了。

地圖 A：幼稚園課程地圖

這地圖被含蓋的原因是低年級教室相較於高年級，常常以不同上課天數的結構為主。（1頁）

地圖 B：五年級數學課程地圖

從 Chattanooga 學校針對自由藝術的這地圖可看出該校走向教育其中的一個領域的計畫。（2頁）

地圖 C：五年級整合課程地圖

與之前的地圖相較之下，五年級老師在這學年內提出與其他領域並行的數

學課程。這裡的主要重點是關於內容的項目。（2頁）

地圖D：八年級人文領域

這地圖顯示出可以結合內容、技能以及評價課程的價值。（1頁）

地圖E：九年級學科間生活科學課程計畫地圖

老師構想了這張地圖是根據主要題材使健康、生物和自然科學四個處所轉達對學生、老師和家長，九年級合作的概要。（1頁）

地圖F：十一年級自然科學課程地圖

這張地圖反映出一位高中自然科學老師評估整年運行的計劃，依照所標示的箭頭和其它聚焦點進行評估。（1頁）

地圖G：幼稚園到八年級科學教育課程地圖

在這個區的老師想要在K-8科學課程的五個焦點區域中，提供關於單位順序內容迅速的概要資訊。在電腦幫助下這樣縱貫的資訊是容易可利用的。（1頁）

地圖H：中等數學運算課程地圖

這個地圖提供教師9月到隔年7月學年課程的概況，而不是依據主要地區數學課程運作的簡單列表。當教師閱覽過去、現在和未來的學生經驗，不只對教師有幫助，也能提供與其他學科分享資源和計畫的機會。（3頁）

地圖I：製圖的範例

這個部分提供版本形式的視覺圖像，能夠運用特別設計來幫助製圖程序的軟體計畫。（4頁）

地圖J：製圖的瀏覽——小學範例

這個地圖是來自K-3年級的學校。它呈現一個學校地圖可能性的濃縮形式以及有益的資訊。教師們在評量工作上掙扎，而且在他們的地圖中尚未進入評量的部分。如果教師對內容及技巧有相當清楚的感受，這個評量任務會較為容

易。（4頁）

地圖 K1 到 K5：基本問題的編輯——一套小學地圖

這些地圖強調恢復內容參與方面的原始資料與修正包含基本問題的價值，應常關注內容含蓋的範圍，而非關注內容未包含的部分。透過細心編輯基本問題的運用，就能表達對此的關注。（5頁）

地圖 L：課程整合的軟體名稱

媒體專家現在扮演協助教師運用選擇年級層軟體運用及線上服務的中心角色，並與課程相連結。在學校地圖裡工作，兩位媒體專家將問題、軟體名稱及販賣商家結合列表。由於缺乏年級層序列的關係，這個團隊將負責指導一個學區的工作坊。（4頁）

地圖 M：1995 年軟體購買——分類

這個呈現媒體專家一般如何列出新採購的清單，除非清單是與課程地圖相結合，不然它是不太可能被使用的。（2頁）

地圖 N～Q

這一套地圖的呈現反映近郊學區的工作，他們已經密集工作超過一年的時間來搜集內容、技巧和平時的資料。特別有趣的部分是教師們重新翻閱地圖以增加資料的詳盡與具體性。在低年級、中年級和高年級報告的內容形式之間存在有趣的差異。紀錄中年級內容部分討論會標題的種類，與技巧部分大致上是相一致的，每一個標題都始於一個動詞，以此方式強調過程的參與。

這個學區的教師現在正在瀏覽地圖的評量部分，相互比對情況的水準。他們也和同事在既定的學校會議中，藉著學生作業範例與檢視看待學生部份地圖的連貫性以改善評量品質，明年他們希望運用基本問題來修正內容。（9頁）

地圖 A

幼稚園課程地圖

統整課程語言	9月	10月	11月	12月	1月	2月	3月	4月	5月	6月
開學典禮集會散會	關於自己		(秋末)手指遊戲學校搜尋	崇尚同的詩歌	(中心)-繼續	每天的生字表	計畫-服裝-說英語	-日曆-聖歌-單元	天氣演講	
語言藝術/閱讀預備	視覺的-伴隨者 -秋天的:	——相同/ 辨別-方向-"W"-葉子-	假日-不同的,視覺的-左邊 詩的問題	字母順序表正確經驗的圖像 -冬天:	律動節奏-階段到階段-字母 圖表、故事雪	好聽的馬達聲音認知-從頭到尾的簡略描述	相對的理解力-寫作發展的簡-評鑑 春天:	分級文學的個案 開始	聲音	
數學/算數預備	——繼續/	繼續/	認知-單速度定-地球的外觀	♯"s0-10-"圖案立方體、黑板種類	積木圖案	繼續/序數♯'s解釋♯'s數值序列	認知♯'s-顏色-附釋到附釋	0-100-		
遊戲/音樂/節奏/肢體活動	-積木-聆聽 火		-遊戲-健康-	個別的戲劇化律動節奏	技能-總量減少冬天的遊戲	樂器-駕駛技巧運動		種子-重量	夏天	主題——→
科學/社會/健康/安全	秋天		-預防-營養的計畫技巧-結構	安全家庭環境好的駕駛-	-主題社區溫度的覺察冬天 (第三城市—	天氣計畫協助者 HLAY 課程	主題尺寸-身體部位2000,單元1-7	童童	中心	
技能/主要活動時間/美術			家務車站-黑板	-電腦操作好的駕駛-粉筆	-泥土/玩積謎-遊戲的VCR	生物圖-藝術媒體(相關的)	季節-圖書館-錄影帶)	興趣		

071

地圖 B

五年級數學課程地圖

課程地圖的範本

學年：1996-1997

Chattanooga School 的文學藝術領域

組織概念 月份	選擇 8月/9月	選擇 10月	轉變 11月	轉變 12月	互相依賴 1月	互相依賴 2月	多元化 3月	多元化 4月	多元化 5月/6月
相關文學作品									
研討會之選集									
實地研究	十進位： 確認到 1000 （複習） 圓滿結束十進位的比較／整理								
運算／計算結果 計算／計算數值／數理論	中位數／平均數（複習） 數值： 了解標準形式、單字／名稱、複數，核展開式，比較／整理 原理說明： 科學記數法，因數樹狀圖（介紹） 到 1000 的十進位加減乘除（熟練）		分數： 複習最小公倍數、比較、整理最小公倍數加和減的進階（熟練）		分數： 精通將分數轉化為小數、小數轉化為分數（熟練）	分數： 透過整數、帶分數介紹「多數」	透過整數、帶分數介紹「倒數」		介紹： 定額與百分比

地圖 B（續上表）

五年級數學課程地圖

Chattanooga School 的文學藝術領域		學年：1996-1997						課程地圖的範本		
組織概念		選擇	選擇	轉變	轉變	互相依賴	互相依賴	多元化	多元化	多元化
月份		8月/9月	10月	11月	12月	1月	2月	3月	4月	5月/6月
測量		加法 減法 乘法 整數的除法（精通）		公制單位測量：轉換成其他公制單位 測量到最小單位 —整數重量或質量 測量有關溫度的數值單位	液體測量：盎司……等 標準測量：英吋 長方型面積的測量：運用公式					
幾何									辨認複雜的形狀：Guadra Latenia 適度複習多邊形 介紹：用量角器測量角度	測量圓形：半徑和直徑 測量直線的角度
問題解決		用概念處理單字問題								複習時間／金錢的單字問題
資料分析			圖表：閱讀							
圖表與目錄			建立目錄／圖形、折線圖、直方圖、統計圖表	運用測量知識建立圖表						
應用題與圖案										在圖表上建立方圖要點 在圖表上標明要點

地圖 C

五年級整合課程地圖

Chattanooga School 的文學藝術領域　　學年：1996-1997

組織概念	新的開始			平衡		擴展		相互依賴	
月份	8月／9月	10月	11月	12月	1月	2月	3月	4月	5月／6月
相關文學作品	對地球的讀論	作者著作研究	Witch of Blackbird Pond			Caddie Woodlawn	Hatchet??	多元文化——	獨立閱讀
研討會之選集									
讀地研究	能源結合		威廉斯堡 詹姆斯城	胡桃鉗芭蕾舞		第三頻道電視台		大瞻野餐	
公開討論的事件	焦點在城市與城市引起的新開始		焦點在我們為何而奮鬥			焦點在移民對我國的影響	焦點在政府法令及其對市民之影響	焦點在美國時事與我們如何共同生活	
社會學	5個美國地理景觀	殖民		獨立宣言 權力法案與政府機關	西部擴張的探索	移民到艾莉絲島		美國政府提供給家與首都的佈局	與北美相互依存與相互依存的地區
自然科學	能量： 能量輻射／熱能 石化燃料／原子 能使用／問題／位 動能模式／ 問題解決		機器 牛頓運動定律 六個簡單的機械 摩擦力／壓力		微生物學 觀察技巧 顯微鏡運用技巧 比較植物與動物 的細胞	植物學／生態學 統合生物學 遺傳生物學 遺傳樹狀圖／ 花卉觀察	堆肥與回收 環境保護	春天花園	人類身體／營養 健康的 身體健康 青春期 美好的花園
數學	數值 中位數／平均 數 指數 計算 問題解決	到100的十進位 四則運算 繪製圖表 問題解決	公制單位的測量 圖解 問題解決	測量標準 分數 問題解決	分數 問題解決	分數 問題解決	分數 問題解決	倒數 除法 問題解決	幾何學 複雜的形狀 角度 問題解決

地圖 C（續上表）

五年級整合課程地圖

Chattanooga School 的文學藝術領域　　學年：1996-1997

組織概念	新的開始			平衡		擴展		相互依賴	
月份	8月／9月	10月	11月	12月	1月	2月	3月	4月	5月／6月
語言藝術	寫作過程 句子的研究 寫作研討會	短文的研究	故事寫作 藝文作品的閱讀與寫作研究	詞		象徵語言 反義字與同義字	衝突／解決 比較	從我們 50 種型式而來的詩與故事	出版品與檔案
音樂	焦點：歐洲與亞洲音樂源自於美國 1800-1900 年代的音樂			愛國歌曲 "Star Spangled Banner" 源自美國歌集的 Ives 變奏曲		美國工作 美國歌曲 鐵路 牛仔 航海	礦業 農業 奴隸	美國作曲家 Aaron Copland Charles Ives	
藝術	歐洲對美國藝術的影響 藝術家 Copley	國家美術館 幻燈片	鴨子郵票 國際比賽	艾利葛島的照片 自由女神像	色彩學	美國黑人藝術家 Remington, Catlin 西部運動	Brandywine 藝術家 新英格蘭	Andrew Wyeth	
外語									
體育	學習模式與左右腦 自我學習者	團隊態度	聆聽	作筆記	合作	問題解決		妥協	溝通
學習／行為技巧									
應用科學	數學學習技能遊戲	十進位的練習	公制單位轉換的練習 複習除法	歷史事件的遊戲 氣候與天氣 操作 拼音的理解	批判思考練習 分數加減的遊戲	反義字與同義字 遊戲 複習字音／字尾 問題解決		分數運算 鍵盤技巧 地圖使用	
評量									

地圖 D

八年級人文領域

統整議題	9月	10月	11月	12月	1月	2月	3月	4月	5月	6月
	南北戰爭	重建物	工業化	帝國主義	第一次世界大戰	20年代	30年代	第二次世界大戰	50年代	60年代
社會學	南北戰爭									
英文	林肯 湯姆叔叔的公 共襄擴社公民 字彙 語法 日記 自由寫作	信件 駕駛繪 戰爭叢書	黑人男孩 每三個月一次的測驗 詩的單元：台人	羅伯男爵 隨風而逝	這電話費是誰該付的？	偉大的蓋特斯 偉 每三個月一次的測驗		坦率安妮的日記 史帝德的手冊	大熔爐	殺了仿聖鳥
社會學	觀點	主要來源：照片 因果與影響 分析	討論技巧 計畫		製作一個標準的地圖計畫		確定分析強國 分歧的原因			
英文		觀點 ·作者涵義 ·矛盾分歧	口頭報告 編輯技巧		無讀詩 詩的構成要素		做筆記 圖表分析	故事情境	戲劇分析	
社會學	南北戰爭文選	考試		辯論比賽	勵志的小品文 討論和辯論	代表作選輯的檢驗	計畫與分析 意見表	照片	圖解的編製	預定：10 年的波時間線
英文	南北戰爭文選	描寫短文	檔案檢查		詩的分析		詩的蒐集	勵志的小品文	角色扮演的評證	期末考

地圖 E

九年級各學科間「生活科學」課程計畫地圖

主題	四分之一：照護	四分之二：溝通	四分之三：耐藥量	四分之四：責任感
健康 9	藥品教育（生理學＆預防）	家庭生活（角色模式、性別、節育、AIDS、預防）	藥品教育（生理學＆預防）	家庭生活（角色模式、性別、節育、AIDS、預防）
生物學 9	生活特性（細胞、生物化學新陳代謝）	生命的延續（生殖＆遺傳學）	體內平衡（解剖＆生理學）	組織模式（進化、生態學＆環境）
PA／健康	循環系統的健康（肌肉的強度＆肌耐力）	方案探索（問題解決的技巧）	新血管的健康（肌肉的強度＆肌耐力）	方案探索（問題解決的技巧）

地圖 F

十一年級自然科學課程地圖

	9月	10月	11月	12月	1月	2月	3月	4月	5月	6月
主題		符號方程式	分子的結構	循環的表格	原子連結為分子	氣體原理	固體、液體、溶解	酸性的鹽類、	運動時的平衡狀態	複習
實驗室觀察寫作	電腦 ·使用光碟機 ·圖解 ·製作者		模式結構	小品文寫作	歷史的	觀察研究 觀察技巧	技巧	提出	問題	
						說明				
筆記型電腦 實驗室報告 實驗室的成果展現	表格資料		3-D模式的報告	多元的選擇 小品文	有研究結果的表格	3-D模式 研究學習 分析 小品文	有研究結果的表格	意見表		
			三個月一次的考試		三個月一次的考試			三個月一次的考試		期末考

地圖 G

幼稚園到八年級科學教育課程地圖

主題	幼稚園	一年級	二年級	三年級	四年級	五年級	六年級	七年級	八年級
環境	季節	季節的改變 天氣	生態學 海濱		水 循環 地理學	生態系統 原野 森林 沼澤 池塘 氣象學	戶外教學 鹽濕地	戶外研究 微生物學 免疫學 遺傳學 環境的 議題 生物社會 植物學	化學的 & 自然度 改變 熱度和體溫
自然界	下沉 & 浮起	重 & 輕 特質 有吸引力	麻類的情況	浮力	電學 光 聲音		事件 自然界 & 化 特性	化學符號 & 定律	反應速度 牛頓運動定律 光 原子論 原子構造
人類身體	一般的知覺	營養 感冒	營養	安全	藥品觀察	呼吸的部分 & 照顧	循環的 藥 & 酒 注意	病菌 疾病 AIDS	心理健康
生活事件		生活的 vs. 無 文字的	植物循環	動物生命 循環 小龍蝦	動物 自然繁殖 同化 植物 授粉作用		生活事件 植物 & 動物 細胞 在述你 II 的 航程	科技技術： 顯微鏡 細胞構造 & 機能	有機化學
地球和空間			太陽系	如何一起工作		大陽系 天文學	地球地殼的 改變	滲透作用 & 擴散 發散	自然力 光譜分析

地圖 H

中等數學運算課程內容圖

年級	9月	10月	11月	12月	1月	2月	3月	4月	5月	6月
6年級	加法與總額 位值 數列 四捨五入 指數 閱讀課程地圖 估算	整數的乘法與除法 熟記九九乘法表 推測與解答 算出平均數	圖解曲線圖 小數 座標 排列、圖形比較、寫方程式	小數的乘法與除法 解應用問題 利用短除法	數學理論——最大公因數和最小公倍數 質數、求出因數 求出最低至最高的項 解應用題	分數的乘法與除法 幾何、周長、面積、體積	比率、比例 相似的圖形 有直角、概率 圖形比 求出比例	航海的夾帶 科技課程 學線幾何 數線、平行與垂直	幾何學——多等、全等 圖形、立體 體積、定義 圖形的符號定義 反射、變換	整數的加法與減法 座標軸 四邊形、圓周率 公制單位系統 實驗室
7年級	整數的特性 數的計算 指數運算 估算	符號 方程式 小數 位值 解應用題 求出數值	統計與概率 理解曲線圖 數的生活應用	數學理論 最大公因數 最小公倍數	分數 數的比較 計算	分數、比率與比例 解應用題	百分比 分數 銷售稅、折扣	多邊形幾何學 圖形、面積、體積 周長 測量：公制單位	把算學的單元素、日常計算、統計生活中的比例	整數除法 數的定義與運算
8年級	建立符號理論 解決應用問題 數學的排列 解決問題的方法	變數的符號 公式 介紹方程式相同的解答結合	介紹不等式 計算 測量 小數的概念 小數的計算	小數的概念 羅馬數字 整數、小數的應用	整數的乘法 除法 方程式 變數的指數 負數的指數 科學記號	分數、最大因數、最小公倍、算式與表現問題的數值	比率、比例 百分比 交叉乘法、分數——小等值 數——1%等值	百分比、應用題、力學單元、解釋圖形、百分比與資訊、實際生活運算	應運比率 幾何座標學 幾何學——一對一圖表 幾何學的運算	幾何學 周長、體積 面積 複習——回憶與表 組織資料
第一學期 (9、10、11、12)	介紹代數、解方程式	介紹數學符號和表法表原理	多項計算	解一次方程式與不等式	介紹幾何專有名詞	多項式的分解	代數的計算 介紹概率	線狀的圖形、續等式與不等式、介紹系統	解方程式與不等式	複習
第二學期 (9、10、11)	數學符號 證明定理 自變數	幾何證明原則 定義 理論 數的解釋與演繹	正三角形與非正三角形、不等式與不等式、特性比較	直角與平行線計算、角度計算、多邊形角度計算	四邊形 無理數	比率與比例 相似的圖形 直角三角形的圖形 辨別相似的圖形	座標圖 二次方程式 運用立式計算圖形的圖	二次方程式、軌跡、運用幾何邊形的解聯立方程式	變換式、幾何機率 分數運算 運用排列組合	分數運算的複習

地圖 H（續上表）

中等數學運算課程內容圖

年級	9月	10月	11月	12月	1月	2月	3月	4月	5月	6月
第三學期（10、11、12）	類屬性、有理數的運算、代分數	圖形幾何、無理數的運算	函數的變換、斷面圓錐橫	三角函數的介紹	圖解三角函數、函數和指數函數	對數函數	驗證三角函數、恆等式、解方程	複數理的代數	概率與統計	回顧與複習
第一學期開始（9·10）	一次（線性）方程式、二次結合類似的項目、應用題、解題：加、減、乘、除	代換公式、二次方程式應用題、解題：計算	指數（質數）因數、次數運算、解題：提昇至指數、最大公因數	一次（線性）方程式、二次變量的不等式、圖解一次方程式、應用題	多次方程式、不等式、解題圖示、座標位置	圖解一次方程、斜率、以解題和驗算、法解題和驗算、解題：標示位、解圖、代換	圖解不等式、比（比例）、應用題、解答：比例、的相反	相似三角形、幾何圖形狀和特性、周長、面積、標、幾何座、解題：比例、形狀	平均數、中位數、眾數、橫率、還輯符號、解題：加總計算	真值表（用邏輯數理運算）、還輯符號、為入學作複習
第二學期主題（10·11、12）	幾何用語、角度、解題：測量與理解、解題：解釋意義	多邊形與多角、解題：認識幾何圖形、解釋凹與凸的三角形、四方形	變換三角形與相等角度、解題：運用對稱、解題：運用中線、頂線、高線	平行線與截線、三角形與多角度	四邊形、解題：理解正等分	測量三角形、兩方形與相似形的周長、解題：微積分公式與運算實際	相似性、平方根和直角三角形、解題：畢氏定理	圓心角、圓周三角、解題：測量角度與弧度	圖式座標、距離與中點、運用公式、解題：以圖解法表示類型	以圖示解法答率、斜率、座標值、圖形
第三學期主題（11·12）	多項式運算、解題式因數、解題：分式運算	圖形幾何、角度、弦、正割、解題：瞭解等分	無理數、二次公式、根號運算、解題：根的運算	變換座標平面、解題：繪圖正解釋	綜合題數、常態分佈曲線、解題：標準差、標準運用	概率、二項式定理、解題：實際運用	三角學、圓、正弦、餘弦、正切、解題：理解基本的三角	關係式與指數函數、指數函數、定義域和分佈線	複數函數、二次方程式運算、複習解題的根、解題：預備進入虛數	正弦定理、餘弦定理複習
初級微積分（11·12）	數學歸納、二次式與絕對值的不等式	關係式與座標函數、複數函數、排列與域極限	極座標與連線極限、序列與級數、解構	連續函數、座標、頂點位置、有理數	導數概論、綜合代入函數法	曲線的極大值、極小值與點、多項式的各性質和餘式定理、多項式的運算	根號函數、極大值、極小值真偽點、二次曲線的應用（圓與曲線）、二次曲線的運算	二次曲線（圓與曲線）、鎖曲線7、矩陣式、行列式、矩陣運算	解矩陣運算、$F'(X)$ 的法、速度與加速度	積分法、複習

地圖 H（續上表）

中等數學運算課程內容圖

年級	9月	10月	11月	12月	1月	2月	3月	4月	5月	6月
進階微積分（12）	函數、定義域、值域，極限值，和圖示　斜率曲線數，解題：因數，解答與檢驗	解答導數問題　絕對值的差　計算正切與垂直　解題：圖示，解答與檢驗	反函數與推論，三角函數，推論，鏈式法則，速續相關等級	中值定理　洛必達法則（L'Hospital's rule）　矩形面積總和　解題：定義域和值域	定積分　積分的應用　低於曲線下的面積　速度與加速度	指數函數　納皮爾對數（自然對數）（Napierian logarithm）　指數與應用　導數與對數函數　指數與對數函數	特殊三角函數　部分函數　相似梯形面積	回顧進階特殊　應用問題	複習進階微積分　實際測驗	部分積分的級數與積分序列

082

地圖 I

第一學期圖表總覽

	9月	10月	11月	12月	1月
幼稚園組	內容： 介紹學校： 1. 認識老師 2. 認識同學 3. 參觀教室 4. 介紹學校中心 5. 參觀學校 6. 認識學校人員 7. 校車和交通規則 8. 學校和教室規則 用圖來表示你是如何到到學校的 技能： 評量：	內容：認識自我 戶外教學 1. 卡吉林的果園 2. 魏瑪波的農田 木偶表演—注意你的習慣 基督徒哥倫布的故事 萬聖節 用火安全 教室規則： 1. 工作 2. 作業 3. 必須做的 4. 可以做的 技能： 評量：	內容： 假日： 1. 選舉日 2. 退伍軍人節 3. 感恩節—討論感恩和印地安人如何幫助五月花號 身體主要部位介紹： 1. 擧出理由和認識人體 2. 唱歌「拖拉頭頂簡單的15種方法」 3. 注意安全、當謹馬路安全、安全帶和騎腳踏車安全和用火安全 認識自我 1. 家庭 技能： 評量：	內容：認識自我 1. 我最喜歡做什麼 2. 住宅 3. 寵物 4. 我喜歡認識什麼 假日： 1. 光明節 2. 聖誕節 技能： 評量：	內容：認識自我： 1. 喜愛的衣服、人物、人物和遊戲 2. 我喜歡動手做的事 假日： 1. 馬丁路德．金 2. 權利與公平 身體主要部位介紹： 身體的身體是特別的 1. 我的身體 技能： 評量：
社會學習					

地圖1（續上表）

第一學期圖表總覽

一年級組 社會學科 第一	9月	10月	11月	12月	1月
	內容： 規則： 班級規則 協同工作 合作 約翰尼蘋果樹種子 勞工節 技能： 蒐集並使用資訊 能傾聽他人意見 接納成為團體裡一員的責任 探索美國歷史 能結合各科學科知識的技能 連結食物健康與氣候的相關知識 描述對國家傳統的體認 尊重自己也尊重他人 評量：	內容： 哥倫布（登陸美洲紀念）日 地圖（天體圖） 世界的探索 萬聖節 火災預防週 安全設施 技能： 蒐集並使用資訊 能傾聽他人意見 接納成為團體裡一員的責任 探究美國歷史 認識並連線使用安全設施的技能 了解並知道如何與何時使用119緊急急聯絡系 統 尊重自己也尊重他人 位置和方位 了解天體圖或地球上的 種類和範圍的概念 發展對美國/世界物質的 評量：	內容： 退伍軍人節 選舉節 我門的政治結構為何 選舉投票 公民身分 感恩節 家族 歷史/傳統 自尊 自重 技能： 蒐集並使用資訊 能傾聽他人意見 接納成為團體裡一員的責任 探究美國歷史 尊重自己也尊重他人 位置和方位 了解天體圖或地球上的 發展對美國/世界物質的 種類和範圍的價值 意識到家庭風俗 傳統與領域 認知到我們的領袖 發展史傳統與了解過去的態度 評量：	內容： 聖誕節 （猶太教的）光明節 家族 文化差異 世界的傳統 自尊 自重 技能： 蒐集並使用資訊 能傾聽他人意見 接納成為團體裡一員的責任 探究美國歷史 尊重自己也尊重他人 位置和方位 了解天體圖或地球上的 意識到家庭的價值 傳統與風俗 發展對於不同/相同價值的評價能力 態度 信念和行為 評量：	內容： 新年慶祝活動 馬丁路德紀念日 文化差異 公民差權 和平的轉換過程 自尊 自重 技能： 蒐集並使用資訊 能傾聽他人意見 接納成為團體裡一員的責任 發展能夠彼此互相討論 共同作決定的能力 尊重自己也尊重他人 了解天體圖或地球上的 位置和方位 意識到家庭的價值 傳統與風俗 發展對於不同/相同價值的評價能力 態度 信念和行為 能夠了解為了使規則更有效率且切合改變 際必須要有做些改變 評量：

地圖 I（續上表）

第一學期圖表總覽

二年級組	9月	10月	11月	12月	1月
社會學科	內容： 學校和班級規則 天體圖和地球 技能： 學校和教室規範——適當的行為 學校和教室的位置： 天體圖和地球 週期 天體圖 星球 方位 地貌 陸地 海洋 北極和南極的極磁 赤道 評量：	內容： 火災預防 不同類型的團體 技能： 火災預防： 安全設施、停止、降落、和翻滾、使用 119緊急聯絡系統 如何逃生、家庭的用火安全 不同類型的團體—— 家庭、學校、大家族、俱樂部、小組團隊、朋友、利益團體、同為愛好者、運動遊戲 評量：	內容： 世界的節日 技能： 世界的節日： 特別節日的風俗習慣： 食物 傳統服飾 歷史沿革 評量：	內容： 世界的節日 技能： 世界的節日： 特別節日的風俗習慣： 食物 傳統服飾 歷史沿革 評量：	內容： 居住區域 馬丁路德德紀念日 技能： 居住區域——三種類型 鄉村 都市 郊區 主要工商業城市 我們地區的真實情況 馬丁路德德紀念日 評量：

地圖 1（續上表）

第一學期圖表總覽

	9月	10月	11月	12月	1月
三年級組	內容： 介紹天體圖和地球的相關技能 跨學科地使用圖表 技能： 評量：	內容： 學習天體與地球的知識 以地球為宇宙星球的代表 天體圖顯示每個物體與其他各物體之間的關係 指南針的緣起可能是用來顯示地圖上的方位 地圖上所使用的顏色和標誌代表意義 使用地圖的其他目的 地圖所使用的比例尺 地球的自轉形成白天黑夜與白天 地球分為兩個半球 地圖與圖表集結成一本書 評量：	內容： 我們都生活在社區 食物、衣飾、庇護所是基本需求 社區提供人類取得生活所需 社區的規模與類型是多元的 在美國有五十個州，華盛頓是美國的首都 世界有七大洋 每一個社區都有歷史 相片圖表是統整知識的方式之一 評量：	內容： 人類所居住的社區 印地安人是北美的第一批居民 來自不同國家的移民者移居美國 移民者為獨立而作戰 拓荒者移居西部 貿易中心沿著鐵路發展 技能： 評量：	內容： 農村社區 自然資源應該要有計畫地取用 職業仰賴自然資源 擁有豐富資源的城市開始發達 氣候限制農作物的栽植 國家保護國家公園 環境應安穩保護免於污染 農業社區維持所有地區的生存 技能： 評量：
社會學科					

地圖 J

第二學期圖表總覽

	2月	3月	4月	5月	6月
幼稚園組	內容： 假日： 1. 林肯紀念日 2. 情人節 3. 華盛頓紀念日 身體主要部位介紹： 技能： 評量：	內容： 身體主要部位介紹： 1. 健康 　a. 貝琪刷她的牙 2. 星星的高度 　a. 星星的特殊角度 假日： 1. 聖派翠克紀念日 技能： 評量：	內容： 身體主要部位介紹： 1. 感覺 2. 健康——身體清潔與健康 3. 適宜和不適宜的接觸 運輸： 1. 陸地 2. 海洋 3. 空中運輸 技能： 評量：	內容： 假日： 1. 母親節 2. 陣亡將士紀念日 多元文化的學習：夏威夷 1. 夏威夷晚宴週 A. 傳奇故事 B. 舞蹈 C. 歌曲 D. 服飾 F. 故事 G. 裝飾與藝術／木偶 身體主要部位介紹： 1. 藥物 2. 社區資源 A. 牙醫 B. 醫生 C. 警察局 技能： 評量：	內容： 社區資源：夏日安全 1. 教師 2. 護士 3. 圖書館員 4. 卡車司機 5. 產品銷售員 6. 肉販／麵包師傅 7. 郵政人員 假日： 1. 父親節 2. 美國國旗日 技能： 評量：
社會學科					

地圖 J（續上表）

第二學期圖表總覽

	2月	3月	4月	5月	6月
一年級組	內容： 土撥鼠日 中國新年 林肯誕生紀念日 情人節 華盛頓誕生紀念日 愛國的／國家象徵 友情 自尊 自重 技能： 搜集並使用資訊 能傾聽他人意見 接納成為團體裡一員的責任 發展能夠彼此互相討論共同決定的價值 發展對於不同／相同價值的評價能力 了解天體圖或地球上的位置和方位 態度 信念和行為 能夠了解有時為了使規則更有效率且切合實際必須要做些改變而且了解持續是自己選擇出我們的領袖 評量：	內容： 聖派翠克紀念日 文化差異 社區工作者 家庭 自尊 自重 技能： 搜集並使用資訊 能傾聽他人意見 接納成為團體裡一員的責任 發展能夠彼此互相討論共同決定的價值 意識到家庭的價值 發展對於不同／相同價值的評價能力 能夠了解有時為了使規則更有效率且切合實際則會持續要做些改變不同判斷 評量：	內容： 愚人節 逾越節（猶太教） 自尊 自重 技能： 搜集並傾聽他人意見 能傾聽他人意見 接納成為團體裡一員的責任 尊重自己也尊重他人 意識到家庭風俗 發展對於不同／相同價值的評價能力 從依靠別人幫助的過程中了解靠自己了解的需求和不足 評量：	內容： 自尊 自重 陣亡將士紀念日 愛國的／國家象徵 地圖 母親節 技能： 搜集並使用資訊 接納成為團體裡一員的責任 探究美國歷史 尊重自己也尊重他人的傳統 意識到家庭價值的能度 意識與風俗 發展使用歷史過去歷史 發展能夠接納他人所提出不同觀點的能力 評量：	內容： 自尊 自重 國家制定紀念日 獨立紀念節 父親節 技能： 搜集並使用資訊 接納成為團體裡一員的責任 尊重自己也尊重他人的傳統 意識到家庭的價值傳統 意識與風俗 意識與風俗 發展能夠接納他人所提出不同觀點的能力 發展個人對於國家的態度與責任感 評量：
社會學科 第一					

地圖J（續上表）

第二學期圖表總覽

	2月	3月	4月	5月	6月
二年級組 社會學科	内容： 喬治‧華盛頓 林肯 中國 技能： 喬治‧華盛頓：描述他們的人生，並討論他們與當今的關係 中國：假日、城市、人民 評量：	内容： 地球日 技能： 地球日——保護環境的責任 評量：	内容： 當代事件 技能： 當代事件——瀏覽年度所發生的事件 評量：	内容： 資源 技能： 資源——時代、基本需求、優點、幫助、需求、與不足等的定義 自然資源 能源 紙要如何製作 提煉能源 廢物利用 能源的再使用 評量：	内容： 美國歷史回顧 技能： 回顧美國歷史——著名的里程碑（自由女神像） 僑民 開拓者 元首 國歌 國旗 評量：

地圖 J（續上表）

第二學期圖表總覽

三年級組	2月	3月	4月	5月	6月
社會學科	內容： 都市居民 城市會被區隔為不同的使用區域 在城市工作的人通常是住在郊區的地方 一個城市的所在地點和當地所生產的產品 暢通的運輸系統是全世界的城市所必備的重要條件 技能： 評量：	內容： 居住地的改變 城市的興起與改變 人類對城市興起的貢獻 發明物改變城市的結構 人類對未來城市的計畫 經由學習歷史人類學習城市過去的種種 技能： 評量：	內容： 城市所需要的法律系統 家庭、學校和城市所需要的規則 由領導人制定法律 領導人由居民選出 人民和領導人共同找出解決城市問題的方法 技能： 評量：	內容： 華盛頓州 認識美國首都 認識首都的歷史 人民的權利與義務 遵守法律和選舉是人民應盡的責任 技能： 評量：	

地圖 K1

編寫關鍵問題

三年級語文地圖

月份	編寫關鍵問題
9 月	家庭相簿 1.你與家人分享何種特別的活動？ 2.何謂家庭故事五種元素？
10 月	家庭相簿 1.何謂誇張的手法？ 2.何謂誇張的例子？
11 月	友誼 1.何謂真實性小說？ 2.為何謂故事中的人物都是以某一種方式表現？
12 月	友誼 1.為何人物的行為對讀者而言重要的？
1 月	推理小說《海》 1.何謂非小說類散文的文本特色？ 2.何謂水之謎（秘密）？
2 月	推理小說《海》 1.為何在寫作中包含主要概念和支持性細節是重要的？
3 月	貝芙麗的清白 1.《貝芙麗的清白》描寫的是什麼類型的故事？ 2.你知道哪些有關《貝芙麗的清白》的？
4 月	貝芙麗的清白 1.《貝芙麗的清白》一書中有哪些人物？請試著形容這些人物。
5 月	一次又一次 1.何謂神話故事及民間故事？ 2.何謂神話故事與民間故事的元素？
6 月	當心偏頗 1.什麼是幻想？ 2.何謂幻想冒險文學的特色？（Dr. DeSoto） 就是魔術。 1.何謂傳記的特色？（Houdini）

地圖 K2

編寫關鍵問題

五年級閱讀地圖

9月 10月	過去與未來 關於世界文化的傳統民間故事其特色為何？ 在傳統民間故事中，我們該如何詮釋主題與意象徵符號？
11月 12月	真實生動物 在真實生動物的散文敘事故事中，我們該如何確認主要的概念並支持故事中的細節？ 在敘事故事中，我們該如何確認散文敘事體的特色？
1月 2月 （1週）	解答、解釋 在虛構的故事中我們如何確認並描繪故事中的元素，例如：衝突、情節和事件的連續性？
2月 3月 （2週）	危險地區 在一個情節緊張的故事裡，作者如何讓故事變得緊張刺激？ 我們如何在一個情節緊張的故事裡確認多因果關係？
3月 4月	持續 我們如何運用想像幫助我們理解幻想故事裡的人物及事件？ 作者如何在幻想故事裡運用個人的觀點？
5月 6月	太空旅行 一本關於目前太空探索的非小說類教科書如何引起大家的討論？ 個人敘事的功能為何？

地圖 K3

月份	編寫關鍵問題　五年級科學課程地圖
9月	教學活動「綠色植物」 植物是以何種形式表現其生命過程？ 植物生長是如何進行光合作用，以得到它們所需的養分？
10月	植物生長與反應 適性（向性）是以何種方式幫助植物生長與適應環境？ 植物如何適應不同環境的狀況？
11月	無脊椎動物 不同綱的無脊椎動物其特性為何？ 不同綱的無脊椎動物如何進行五階段的生命過程？
12月	脊椎動物 不同綱的脊椎動物其特性為何？ 不同綱的脊椎動物如何進行五階段的生命過程？
1月 2月	消化系統 消化系統的主要器官是什麼？它們是如何像系統一般地運作？ 當食物經由機械式的消化系統作用時發生了什麼事？
3月 4月	循環系統 循環系統的主要器官是什麼？它們是如何像系統一般地運作？ 血液是如何經由循環系統來移動？ 血液的構成要素是什麼？這些是由哪些部位組成的？血液是如何經由心臟來移動？
5月	呼吸系統 呼吸系統的主要器官是什麼？它們是如何像系統一般地運作？ 在肺裡發生「維持生命」的交流？ 神經系統 神經系統的主要器官是什麼？它們是如何像系統一般地運作？ 腦神經系統的主要組成部位有哪些？
6月	人類生長與發展 是什麼造成青春期的開始？ 當一個男女孩經過青春期時，什麼樣的生理變化會發生？ 在青春期期間，需要什麼衛生習慣以維持青少年身體的健康？ 嬰兒在母視的子宮裡是如何成長的？嬰兒是如何誕生的？ 一個新生的嬰兒系統是怎樣的照顧的？ 身體系統的回顧與考期末考的準備

地圖 K4

編寫關鍵問題

六年級課程地圖

主題	社會研究	數學
9月	**地球的地理環境** 地理環境如何影響到一個地區的氣候？ 地理環境如何影響到一個地區的文化？	**檢視所有數字的特性並且定出數值／問題解決的入門** 在每一天的生活中，我們如何連結所有數字的特性並定出數值？ 在問題解決上，使用關鍵字的目的為何？
10月	**早期的人類** 早期的人類如何發展出適應環境特有方式，以解決他們的基本需求？	**小數（十進位）** 在每一天的生活中，我們如何應用小數的比較、循環及估計？
11月	**古埃及** 古埃及人如何善用他們的地理環境？ 考古學研究如何幫助我們去了解古代文明？	**小數（十進位）** 在每一天的生活中，我們如何與小數、循環及估計？
12月	**四個早期文明** 法律與宗教的遺產如何影響到後來的文明？	**圖表、資料、統計** 我們如何以一種圖形化的方式顯示所蒐集到的統計資料？ 我們如何將全距、平均數、中位數、眾數應用到真實世界的問題上？
1月	**古希臘與羅馬** 這些文明在民主、藝術、科學、宗教、法律的哲理與哲學的研究如何延續到現代西方文明？	**分數** 在我們的世界裡，我們如何應用分數？
2月	**宗教** 猶太教、伊斯蘭教（回教）、基督教如何發展？而這些宗教如何影響文明的發展？	**分數** 在我們的世界裡，我們如何應用分數？
3月	**中古世紀、文藝復興、宗教改革** 歐洲人對知識的渴望如何有助於增進他們的文明？而在歐洲，宗教改革如何引起改變？	**比例、比率與機率** 比例、比率與機率是如何應用在真實生活情境中？
4月	**航海探索、現代國家、革命運動** 探索及發現新的慾望如何增進早期歐洲的地理與科學知識？ 革命運動與世界大戰如何被創造出一個民主的新紀元？	**百分比** 百分比如何與小數及分數連結？
5月	**現代國家** 共產主義的瓦解如何開創一個民主的新紀元？	**幾何學與測量** 不同的測量方式有哪些？我們如何將它們應用在日常生活中？
6月	**傳統故事** 嘲諷、誇張及象徵性的語言是如何被運用在民間故事中？	**幾何學與測量** 我們如何計算周長與面積？試舉一些真實世界中的例子。

地圖 K5

	編寫關鍵問題
	數學的課程地圖
9月	在我們之中，何處可以找到數字？它們是如何影響我們每天的生活？ 所有數字的估計、循環、比較與次序，比較與排序，以及小數如何於檢核總和於差額？ 我們如何用計算來發現數學圖形及圖形的表數和商數？
10月	代數方程式如何幫助我們解決（元）的問題？ 我們如何使用倍數與因數來找到所有數字的表數與商數？
11月	如何應用心算來解決問題及檢查答案的合理性？
12月	我們如何應用蒐集資料才能有助於問題解決的過程？ 形狀與測量之間的關係是什麼？
1月	我們是如何使用小數與商數來決定一個解決問題的策略？
2月	小數與分數之間的關係是什麼？
3月	用何種方式的分數來代表一個整數的部分？
4月	為什麼要解決分數加減的問題需將分數重新命名與因數？ 我們在每天的生活中，何時會使用到分數的一部分（分數的表數與商數）？
5月	分數與百分比之間的關係是什麼？ 在我們周圍的世界裡，哪裡可以找到百分比？
6月	在問題解決上，機率是如何被使用來預測結果的？ 在規則與不規則形狀上，表面積與體積的關係是什麼？

地圖 L

課程整合的軟體名稱

主題	年級	問題	軟體名稱	販售商
非洲文化	九	地理學如何影響文化？帝國主義	CD Encyclopedia Africa Trail PC Globo PC World Geograph Slide show（Kidpix or Claris Works） Word processing, database, spreadsheet	MECC(Mac, Win) Broderbund MECC（Mac） Broderbund Claris
起源 文明 西方人 半個地球	五	阿茲提克、瑪雅 土堤的建立者、林地	Amazor Trail Maya Quest Noth Amersican Indians	MECC（Mac, Dos, Win） MECC（Mac, Win） Quanta
時代的來臨	九	羅密歐朱麗葉 選擇和命運的角色	Decisions, Decisions Series Choosing Success Time, life & Words of Shakespeare	Tom Suyder CCC
循環	三	生活圈、蜘蛛 農業、鄉村/城市 數學的時間、圖案 數字 8	Opening Night Math Keys	MECC（Mac, Win） MECC（Mac, Win）
古希臘的恩典	六	影響 恩典的遺產	CD Encyclopedia PC Globe Total History World GeoGraphy Ancient Lands Exploring Ancient Cities Spreadsheets Use internet access	Broderbund Bureau Elect. Publ. MECC Microsoft Sumeria

地圖 L（續上表）

課程整合的軟體名稱

主題	年級	問題	軟體名稱	販售商
健康的青少年	七	何謂成為一個健康的青少年？ 人類身體系統 與青少年健康相關的議題	Decisions, Decisions: Drinking & Driving Decisions, Decisions: AIDS Decisions, Decisions: Substance Abuse A.D.A.M BodyScope How Your Body Works Use internet access	Tom Snyder Tom Snyder Tom Snyder Broderbund MECC Mindscape
人類與自然資源的互動	六	我們對我們的環境所做的事，如何影響到我們的未來？ 資源的使用造成了什麼樣的影響？	Oregon Trail Decisions, Decisions: The Environment Decisions, Decisions: Urbanization Time Liner	MECC (Mac, DOS, Win) Tom Snyder Tom Snyder Tom Snyder
遷移	三	多元文化社會 少女／家庭支柱 感恩的朝聖者	History Makers Apple Works Immigration	MECC（Apple II） Apple Works
在古埃及死後的生活	六	法老與金字塔	CD Encyclopedia PC Globe Total History World GeoGraphy Ancient Lands Exploring Ancient Cities Spreadsheets	Broderbund Bureau Elect. Publ. MECC Microsoft Sumeria
美國原住民文化	四	藝術／說故事	CD Encyclopedia Oneida Nation home page KidPix	Internet Broderbund

地圖 L（續上表）

課程整合的軟體名稱

主題	年級	問題	軟體名稱	販售商
美國原住民的影響	四	美國原住民是誰？ 誰是早期的殖民地開拓者？ 這兩個文化如何相處？	CD Encyclopedia Oneida Nation home page	Internet
各地的生活	K-1	我們週遭的不同生活型態	TesselMania Math Keys KidPix Tabletop Junior Math Sammy's science house	MECC（Mac, Win） MECC（Mac, Win） Broderbund Broderbund Edmark
二次大戰期間居住在歐洲的人	六	二次大戰的緣由及影響 地勢的重要性 科技解決問題也產生問題	CD Encyclopedia Decisions, Decisions Milestones of 20th Century Point of view World's Greatest Speeches CNN Time Capsule Time Almanac Explorapedia	Tom Snyder Scholastic Scholastic Compact Publishing Microsoft
移居美國的清教徒：問題解決	一	相互合作與互依賴 祖國和航行中的問題 食物、住所及與美國原住民的互動	KidPix Explorapedia	Broderbund Microsoft
植物	K-2	植物為什麼對我們的生活很重要？ 什麼是植物？它們是如何生長的？ 植物如何適應環境？	Explorapedia KidPix Wooly's Garden Secret of Nature	Microsoft Broderbund MECC（AppleII） Smart Works
美國總統	五	總統都在做些什麼？ 為什麼總統需要輪替？ 總統是如何選出的？ 我們選總統的方式有什麼問題嗎？	President's CD Origins of the Constitution Presidential Inquiry The Campaign Trail	Queue MECC（Mac） Tom Snyder

地圖 L（續上表）

課程整合的軟體名稱

主題	年級	關鍵問題	軟體名稱	販賣商
科技世界的生活品質	十二	瀕臨絕種的生物 國家公園 有毒的廢棄物	CD Encyclopedia History in Motion CNN Time Capsule Time Almanac World processing, database, Spreadsheet Use Internet access	Scholastic
結構	十	社會學與生物學間的比較	Claris Works slide show KidPix A.D.A.M CNN Time Capsule	Claris Broderbund Broderbund
生存	五	適應、進化、移居、生物遺傳工程	CD Encyclopedia Explorapedia	Microsoft
工作中的衝突	二	為什麼我想和其他同學相處？ 我應該如何和其他同學相處？ 我們要如何和其他同學分享所學？	Storybook Weaver Choice, Choice: On the Playground Choice, Choice: Taking Responsibility	MECC（Mac, DOS, Win） Tom Snyder
第二次世界大戰	六	重要人物 世界各地的情勢 各國的最終結果 對世界政治的影響	CD Encyclopedia Decisions, Decisions Milestones of 20th Century Point of view World's Greatest Speeches CNN Time Capsule Time Almanac Explorapedia World processing, database, Spreadsheet	Tom Snyder Scholastic Scholastic Microsoft

地圖 M

光碟機名稱	形式	出版者	年級	種類	主題	位置
		1995 年軟體購買──分類				
USA ATLAS 5.0	光碟機	Mindscape	四年級以上	參考	地理學	圖書館
WORLD ATLAS 5.0	光碟機	Mindscape	四年級以上	參考	地理學	圖書館
1995 MULTIMEDIA ENCYCLOPEDIA	光碟機	Groliers	四年級以上	參考		圖書館
THINKING THINGS I	光碟機	Edmark	幼稚園至二年級	技巧建立	批判思考	LS-2RB
THINKING THINGS I	光碟機	Edmark	幼稚園至二年級	技巧建立	批判思考	LS-1M 圖書館
THE SAN DIEGO ZOO	光碟機	Mindscape	二年級以上	參考	科學	LS-1M
GREAT WONDERS OF THE WORLD PRESENTS: THE ANIMALS 2.0	光碟機				地理學	LS-2L
THE SAN DIEGO ZOO PRESENTS: THE ANIMALS 2.0	光碟機	Mindscape	二年級以上	參考	科學	LS-2RB
JUST GRANDMA AND ME	光碟機	Broderbund	幼稚園至四年級	技巧建立	語言藝術	LS-K
THE SAN DIEGO ZOO PRESENTS: THE ANIMALS 2.0	光碟機	Mindscape	二年級以上	參考	科學	LS-科學圖書館
THE WAY THINGS WORK	光碟機	Dorling Kindersley	二年級以上	發現	科學	LS-科學圖書館
1995 MULTIMEDIA ENCYCLOPEDIA	光碟機	Groliers	四年級以上	參考		MS-4J
USA ATLAS 5.0	光碟機	Mindscape	四年級以上	參考	地理學	MS-4T
WORLD ATLAS 5.0	光碟機	Mindscape	四年級以上	參考	地理學	MS-4T
MULTIMEDIA ENCYCLOPEDIA	光碟機	Compton's	四年級以上	參考		MS-4T
USA ATLAS 5.0	光碟機	Mindscape	四年級以上	參考	地理學	MS-5F
WORLD ATLAS 5.0	光碟機	Mindscape	四年級以上	參考	地理學	MS-5F
1995 MULTIMEDIA ENCYCLOPEDIA	光碟機	Groliers	四年級以上	參考		MS-5F
USA ATLAS 2.0	光碟機	Mindscape	四年級以上	參考	地理學	MS-5M
WORLD ATLAS 3.0	光碟機	Mindscape	四年級以上	參考	地理學	MS-5M

地圖 M（續上表）

1995 年軟體購買——分類

光碟機名稱	形式	出版者	年級	種類	主題	位置
1994 MULTIMEDIA ENCYCLOPEDIA	光碟機	Groliers	四年級以上	參考		MS-5M
WEBSTER'S 9TH NEW COLLEGIATE DICTIONARY	光碟機			參考		MS-5M
USA ATLAS 5.0	光碟機	Mindscape	四年級以上	參考	地理學	MS-6H, 圖書館
WORLD ATLAS 5.0	光碟機	Mindscape	四年級以上	參考	地理學	MS-6H, 圖書館
1995 MULTIMEDIA ENCYCLOPEDIA	光碟機	Groliers	四年級以上	參考		MS-6H, 圖書館
1992 MULTIMEDIA ENCYCLOPEDIA	光碟機	Groliers	四年級以上	參考		MS-6KR
THINKING THINGS II	3.5 磁片	Edmark	幼稚園至六年級	技巧建立	批判思考	MS-4J
THINKING THINGS II	3.5 磁片	Edmark	幼稚園至六年級	技巧建立	批判思考	MS-4T
A.D.A.M.: THE INSIDE STORY			二年級以上	參考	科學	US-科學
THE SAN DIEGO ZOO PRESENTS: THE ANIMALS 2.0	光碟機	Mindscape	二年級以上	參考	科學	US-科學圖書館
INSECTS: A WORLD OF DISCOVERY	光碟機	CSIRO	四年級以上	參考	科學	US-科學圖書館
AMERICA ONLINE	3.5 磁片					

地圖 N

二年級課程地圖

時間	內容	技能	評量
9月	名詞、專有名詞、動詞和形容詞的定義	辨認名詞是指人、事、物 比較專有名詞和一般名詞 辨認動詞是做動作的單字 認識動詞 辨認認形容詞是描述性的單字 認識形容詞	四個主要項目 製作一本書展示一般名詞、專有名詞、形容詞和動詞
	標記第一、第二個字母	了解字母的指示（字母和音的結合） 認識字母的定位	書寫單字的第一、第二字母 在 ABC 指令中練習拼字
	複習短母音和長母音	辨認不同母音	測驗
10月	界定反義字、同音異義字（形）異義字	辨認反義字、同義字和同音（形）異義字 在寫作當中運用這些單字	四個主要項目 "nym" 步驟書
	學習每個單字都有音節	辨認單字中的音節 比較不同單字的音節 了解每個音節都有母音 區辨相似的母音	用拍手表示音節 在每個音節表示音節 樂器
	教導寫複合字	辨認並組合複合字	用名字寫出押韻的句子 從雜誌上剪下複合字
	教導寫給朋友信件的五個架構	找出朋友信件中的五個架構 了解這五個架構並解釋意義	標示出信中符合五個架構的部分 寫一封信給朋友
	用「好像……」教導笑容的比喻	辨認並拼出 smile，應用在寫作中	用「微笑」創作一首詩

地圖 N（續上表）

二年級課程地圖

時間	內容	技能	評量
11 月	教導複數是指多於 1 的意思 單數指的是 1 複數的拼字規則 不規則的複數字 演說	辨認複數字和單數字 用 s, es, ies 拼出單數字和複數字（規則） 辨認規則和不規則的複數字 用押韻字來記憶並熟練這些單字 關於感恩的主題	做一本複數點數的書 四個主要的項目 複數字的講義 背誦感恩的詩 發表
12 月	想像與非想像 詩歌 查字典 主要概念	辨認文學作品是否為想像 辨認明喻句和對句 辨認三行俳句和五行詩 找出指引的單字 根據內容了解其意義 找出故事的主題 主要概念和細節	創作一本非想像的書 撰寫並修飾季節的詩篇 查字典並說明頁數、指引字及其意義 回答相關的理解性問題並口頭複述故事

地圖 O

四年級課程地圖

時間	內容	技能	評量
9月／10月 11月前半	閱讀：Sarah, Plain and Tall (1)歷史小說的特徵？ (2)角色分析的部分？ (3)文學作品中的主要論述為何？ (4)故事情節？ 文法／拼字： 200個易混淆單字 組織： 敘述風格 詩歌 ＊詩——Jack Prelutsky	一能依據故事線索回答問題 一故事部分：背景、角色、情節 一角色分析的要素 　自然描述 　個性特徵 　此故事角色的重要性？ 一般名詞及專有名詞 一形容詞 一單數詞／複數詞 一助動詞和結尾 一配角細節 一段落概念 一寫作程序（介紹所有步驟，著重腦力激盪） 一演說的技巧	一文學作品的論述 一確認是否理解 一對文學作品的回應日誌 一角色分析 一熱讀短篇測驗 一雙月測寫 一聽寫 一核定寫作範本 一角色分析 一讀文 詩歌吟誦
11月後半 12月／1月	閱讀：Kneeknock Rise (1)寓言故事的特徵？ (2)故事中的難題與解決之道？ (4)故事的主旨及其他細節？ 文法／拼字： 200個易混淆單字 組織： 故事風格	一情節起伏 一最高潮 一衝突與解決 一依照事件 一主旨線索確認主旨意義 一主詞／述語 一代名詞和先行詞 一詞類 一所有權 一單數和複數 一停頓 一易記的開頭句型 一使用五權感官描述 一多樣的句子開頭 一換區的標題——寫作程序（注重校定和編輯）	一文學作品的論述 一確認是否理解 　測驗 一寫下主要事件的摘要 一角色分析 一雙月拼字測驗 一熱讀短篇測驗 一聽寫 一敘述風格的短篇故事

地圖 0（續上表）

四年級課程地圖

時間	內容	技能	評量
1月	組織（con't.）想像風格（詩歌）Hailstones and Halibut Bones　＊詩—Prelutsky　閱讀：The Sigh of the Beaver	一意象 一比喻性的語言 明喻／隱喻 一分析 Prelutsky 的風格 一演說的技巧 一觀察點 一主旨及其他細節	一生動豐富的詩 一模仿 Prelutsky 風格的詩 一搭配動作吟誦詩詞
2月／3月 4月	(1)如何從另一觀點來書寫？ (2)如何寫書評？ (3)主題為何？ (4)寫實小說／歷史小說的特色？ (5)如何寫一篇新聞報導？ 語法／拼音： 200個最困難的單字 主要單字 組織： 想像模式 ＊詩 解說模式 如何	一書寫部分 一關愛內容背景、人物角色、故事、情節、作者的主旨等 一標題文句 一5 W's 一基礎文字 一開頭與結尾 一使得字與確定開頭與結尾 一引用符號 一背景情節線索確定在字典裡的正確的意思 一寫作程序（著重修訂版及編輯） 一擬人法 一引用符號 一排序 一文句長度 一語彙文字（比較適合的字） 一使用百科全書	一角色觀點的日誌 一書評 一新聞包含特別報導-天氣、運動、商業廣告 一每兩個月一次測驗 一聽寫 一臉部照片測驗（編輯） 一短篇虛構故事 一詩與明誦 一如何 一書評（角色觀點） 一角色分析（口述的） 一文學討論 一活動高潮

地圖 ○（續上表）

四年級課程地圖

時間	內容	技能	評量
4月／5月	*詩——Myra Cohn Livingston 閱讀：Black Beauty、Dear Mr. Henshaw、Twenty-One Balloons (1)作者的目的為何？ (2)上述書籍各是何種類型並說明原因？ 語法／拼音： 200個最困難的單字 主要單字	－無韻文 －精確的文字 －轉義字 －段落概念 －排序 －公開發表 －故事部分 －原文評論 －文學論述 －作者目的 －邏輯預測 －回答原文 －停頓	－每兩個月一次測驗 －臉部照片測驗（編輯） －默寫
5月／6月	組織： 勸導性模式 詩	－聽眾意見 －段落 －有力的結論 －主題句與支持的細節 －寫作程序 －真相與意見	－勸導性的論說文

地圖 P

M. S. 討論會系列的課程地圖

	內容	工具	評量
9月	環境與社會 A. 有技術能力的價值觀——定義與環境上的衝擊（為期8週的計畫） B. 媒體、競選活動、輿論（計畫將持續至11月的選舉）	—A. 解釋和敘述技術與環境：分析哪種來源的新聞媒體（報紙、雜誌、網際網路）；確認技術概念並說明科學的重要性；地方性、技術問題的活法；國際性議會確認與確認那些確認這些技術概念，有必要時熟悉了解法律 —B. 媒體——分析新聞的比較／對照所使用的來源（印刷品、電視媒體、網際網路）；分析及鑑定口號；揭穿／瞭解新聞	—A. 概念地——題目；摘要技術新聞；評論性文章（環境法規） —B. 記錄引用標語資料的定期刊物；針對觀眾，偏見字——預定選舉日期，偏見從3個原始資料中提交出兩個新聞報導——每週從3個原始資料中提交出兩個新聞報導
10月	環境與社區 —參考9月的A與B —道德、倫理、兩難推理	—製造道德的進退兩難，包含5個必要的要素使用四環境＋1996年政治活選活動 —對大團體呈現最原始的兩難推理；引導大團體討論兩難推理	—參考9月的A與B —寫出道德的進退兩難；課堂題目。課堂題目——發表兩難推理包含由老師引導學生討論評價並形成題目
11月	社區／和諧 —參見9月的A與B —謀殺、爭執與傷害罪——模擬城市會議 —技術能力——模擬城市會議	—課程、爭執與傷害罪——尋找原始資料（紐約約時代推語索引；書評讀者導引）摘要 對未解之案件寫出創意性的調查報告 —追究、組織及實驗港城市會議 —關於環境政策擬定過程為決策	—創意性的研究報告——模擬城市會議 創意型題目 課程題目
12月	社會與家庭 引用天賦 —社區／和諧：技術計畫	利用參考書（Bartlet 的書）（引述……）選擇遺傳的天賦及藝術性工具；創造文學／藝術性天賦 —調查、記錄、報告，使用 IMRAD：技術計畫的結果	—引用天賦 —技術報告；記錄、報告

地圖 P（續上表）

M. S. 討論會系列的課程地圖

	內容	工具	評量
1月	國際社會 博物館單元（持續到2月） 博物館的主要任務是保存社會價值 ──等的社交、文化、各時代	─研讀博物館陳列物的歷史、博物館組織，及建立他們的成員角色	─博物館展示被選出來挑選出來的社交、文化、各時代
2月	和諧／國際社會 博物館單元──參見1月 博物館單元看（內容、工具及評量） Tessellations（鑲嵌）	─使用幾何圖形去建構設計鑲嵌 ─陳列鑲嵌和世界文化之間的關聯性	─學生建構出鑲嵌
3月	和諧／國際社會 見2月鑲嵌修訂版（內容、工具及評量） 詩──有名的多元文化詩	─分析不同文化的詩 ─確認重要性／象徵語言／讀寫技巧盛行全球	─用文化的宗教表達出關於鑲嵌角色的報告書 ─詩的翻譯與分析 ─原作性的詩
4月	未來 ─結束的開端：科學、小說、故事的最後部分 ─科幻小說裡的科學概念	─從一個結論的後面到起始點 ─分析科幻小說裡的短篇故事 ─發現主要的技術。作者使用的概念 ─說明技術背後的概念	─學生製造出短篇小說 ─建造一個描繪實現的模式，如同在短篇小說裡發現的那些概念
5月	未來／國際社會 ─世界末日的局面 ─槭樹直升機的飛行	─在國體裡討論問題解決 ─創造生存策略的基本限制（科學的和社會的） ─引導團體討論 ─對自然現象使用科學方法 ─設計最原始的實驗 ─建立一個模型 ─使用 IMRAD 寫研究計畫	─口述學生產生的項目 ─生存策略 ─槭樹直升機的模型 ─科幻小說的故事 一年度計畫
6月	見5月。年度計畫	─口頭報告在敘述學生的成功與失敗	

地圖 Q

高中物理學課程地圖

	內容	工具	評量
9 月	測量系統 在測量過程中的不確定性 向量加法	測量用國際單位制 介紹用三角法加向量 使用三角法增加向量 使用數字圖搜集和操弄資料 分析資料圖用斜率和直線方程式	撰寫實驗室報告 試驗：問題、多樣的選擇，論文 研究成果
10 月	直線運動 向量加法 重力加速度	向量加法繼續 分析力量對運動的影響 使用代數去解決運動方程式 介紹身體的運動位置 VS. 時間和速率 VS. 未自體實驗數據的時間圖 再實驗室裝定重力加速度	撰寫實驗室報告 試驗：問題、多樣的選擇，論文 研究成果 科學家報告（圖書館研究） 小組口述解決問題的活動
11 月	牛頓的運動定律 力 力矩	在實驗室偵測使用三角法增加力的向量 描繪不受約束身體圖到隔離在身體的力量 對於一個身體平衡來說，顯示 EA.=0，且寫出方程式 分析力的向量包括摩擦力、斜率和力矩	撰寫實驗室報告 試驗：問題、多樣的選擇，論文 研究成果 實驗室報告用 IMRAD 撰寫
12 月	運動在兩個方面 向心力 地心引力	確認真的和虛構的力 使用代數去解決垂直面和水平面 2D 運動的方程式 描述只有一個自然的萬有引力	撰寫實驗室報告 試驗：問題、多樣的選擇，論文 研究成果 設計問題：10m 飛行器

地圖 Q（續上表）

高中物理學課程地圖

	內容	工具	評量
1 月	工作 能量、電流和運動的 動力	講述工作、能量和動力 寫方程式 陳述動力系統守恆的法則	撰寫實驗室報告 試驗：問題、多樣的選擇、論文 研究成果
2 月	運動原理 熱度	撰寫方程式描述動力在系統的交換包括 任何可能發生的階段 陳述在不同階段素材結構的特性	撰寫實驗室報告 試驗：問題、多樣的選擇、論文 研究成果
3 月	波 聲音 光	預估波的震動互相影響的結果 分析一個系統與動源，或者觀察員預估 聲音頻率的改變使用都卜勒效應 （Doppler effect）概念	撰寫實驗室報告 試驗：問題、多樣的選擇、論文 研究成果 設計企劃
4 月	靜電學 電流	使用靜電學定律去預估電磁感應和傳導 效應在掌控物體磁場圖形 解釋和分析磁場報告	撰寫實驗室報告 試驗：問題、多樣的選擇、論文 研究成果 IMRAD 實驗室報告 場地圖分析
5 月	直流電電路 磁性 核子物理學	使用 Ohm 和 Kirchoff 法則去分析電路 圖在實驗室建立電路 評估核能和放射性同位素使用在輻射的 特性之優勢與風險	撰寫實驗室報告 試驗：問題、多樣的選擇、論文 研究成果 核能 RE 意見書（position paper RE nu- clear energy） 電路圖分析
6 月	天文學	完成天文學的任務與計畫 製作一個這些活動的檔案	統整天文學課外作業的檔案 期末考

第 **2** 篇

課 程 地 圖

國內幼稚園的試驗
與應用

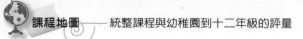

幼稚園本位課程發展
—— 以心智圖法、課程地圖為 E 化系統的行動取向 ——

　　處理真實世界複雜問題的最佳方式，就是用整體的觀點觀察周圍
的事物，避免「以管窺天」式的思維和組織「近視」的危害。系統循
環圖（causal loop diagrams）與系統動力學建構的模式（system dyna-
mics computer models）可以幫助我們有效的掌握變化與開創新局。

—— Sherwood, 2002；劉昭良，2004

第八章

研究緣起 ── 挑水乎？掘井乎？

心智模式（mental models）根深蒂固於我們心中且影響我們了解這個世界，以及如何採取行動的許多假設、成見，甚至圖像。以筆者自己理論的建構與多年來幼教職場的觀察，「幼教人」的認真與埋首苦幹的精神向來首屈一指，然而在課程發展與理解（understanding curriculum）及教學檔案（teaching portfolio and learning portfolio）的建置方面，往往冗贅而欠缺條理系統，因此勤苦而難成，忙碌而事倍功半。

什麼是「系統」思考與建構，以及目前臺灣幼稚園課程為何呈現「散狀」態勢，下面的小故事可以幫我們理解與找到答案──

兩個和尚分別住在東西相鄰的兩座山，這兩座山有條小溪，這兩位和尚每天都會在同一時間下山到溪邊挑水，不久他們成了好朋友。時間不知不覺的過了五年，突然西邊的和尚發現東邊的和尚好些日子沒來挑水，以為他生病了，便到東邊的山上探望老

朋友，沒想到卻發現他的老友正在廟前打著太極拳，一點也不像好多天沒喝水的樣子。在他好奇的詢問下，東邊的和尚說道：「這五年來，我每天做完功課後都會抽空挖這口井，如今我終於挖出井水，所以再也不必下山挑水了，這樣我就可以有更多時間練我喜歡的太極拳了！」（劉昭良等譯，2004；Sherwood, 2002）。

面對 3RC 的現代社會（Rapid change、Rising competition、Rising complexing），IBM 管理學院院長 Thomas J. Barry 曾說「品質」10%來自知識，90%來自態度，當有一天幼稚園創辦人、園長、教師及全體員工都視「全品質經營」（Total Quality Management，TQM）、「持續改進」的理念如同一種生活方式（a way of life），以及在「模仿」（imitation）與「借取」（borrowing）之餘，有其幼稚園背景脈絡〔優勢（Strength）、劣勢（Weakness）、機會點（Opportunity）、威脅點（Threat）、行動策略（Strategy），SWOTS〕的認識，同時以此為基礎建構的經營願景（vision）與目標，建立執行方案，不斷的經由實踐與修正的循環檢證，這種「系統建構」幫助幼稚園形塑專業與風格，也就是我們要挖掘的那口「井」，更是幼稚園發展本位課程應有的新共識。

一、賦予舊場域新生命——育航幼稚園狀態（基準點）

臺北市立育航幼稚園是一個獨立的幼稚園，由九個普通班級和一個特幼班組合而成，也是此一行動研究的場域。此園前身附屬於「婦聯空軍分會」的私立幼稚園，由於是從舊的幼稚園改制而來，因此在人事及空間設備上問題較多，不似臺北市另一所新設的獨立幼稚園；其中之一的問題係該園原教師與新教師的共識有待整合；第二個問題為園舍為舊有的利用，因此一開始臺北市兩個獨立幼稚園在起始基準點上就有明顯的落差。

　　熱忱的許園長在 2003 年 2 月抱著惶恐的心接掌此園，期盼藉此一「行動研究」在園所本位經營的理念下，促使團隊力量更凝聚，校園呈現創新活絡的新生命。

二、園所本位課程發展——創新經營方向

1. 檢視當前幼稚園課程發展的迷失

　　幼稚園課程發展自 1929 年暫行課程標準頒布歷經 5 次修正至 1987 年的公布，有關幼托整合的課程綱要或指引，近 20 年來並未有新的版本公布，或做任何因地制宜的調整。在九年一貫國中小相繼頒布「課程綱要」之時，幼稚園的課程雖說有相當的自由度，相對的與小一基本能力的轉銜上，以及過多外來課程如：Project、Rudolf Steiner 或 Montessori 等本土化問題，均一一浮出檯面。幼稚園課程像「大雜燴」，甚至淪為全美語幼稚園，讓不少幼教師大嘆「外師搶灘，中師雙手一攤」的窘境。幼稚園教育為非義務教育，因此政府無法過多管理，再加上沒有「課程綱要」或「學力指標」的引導，力挽幼稚園課程發展的迷失，實有其必要性與迫切性。

2. 確立園所本位課程發展的策略與步驟

　　育航幼稚園以課程本位發展 6 階段為「經」：
(1)組織變革階段
(2)情境分析階段
(3)擬定願景與目標階段
(4)發展課程階段
(5)實踐課程階段
(6)評鑑與修正階段（陳慈娟，2004）

多元智能（MI）課程內涵與指標為「緯」，經由SWOT分析發展育航願景及課程架構，同時利用兩個 E 化系統工具：以心智圖法（mind mapping）發展課程概念系統，以課程地圖（curriculum mapping）檢核課程發展與理解課程（understanding curriculum）的脈絡（Pinar, 1995），藉幼兒發展與社區文化的掌握循序漸進，建立臺北市立育航幼稚園多元智能本土化的課程指標與評量工具，為此一行動研究的重點工作。

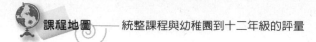

第九章

文獻探討

一、幼稚園本位經營發展與任務

　　絕對的平衡造成停滯，過多的衝突導致混亂脫序，複雜理論（complexity theory）強調擺渡於兩個極端（中央集權／地方分權；集體主義／個人主義；由上而下／草根模式）以掌握變革成長的動力（吳麗君，1997）。在這一波看似簡單實為非線性變革的幼稚園本位課程發展，在情境分析 SWOTS、目標訂定、方案建構與實際、評鑑與修正的過程中，充滿許多的不確定性與變數。園長與教師們如何在開放多元，但不夠「系統」與尚未蔚為「風格」的教學品質中更精進，端賴幼稚園團隊「實踐智慧」（phronesis）的展現。

　　聯強國際總裁杜書伍以為，專業化必須具備 7P 的條件（Professionalism, Planning, Performance, Perfection, Profit, Pleasure, Prestige）。

　　林清江等人以為專業必須具備下列 7 個條件：

1. 系統化的理論體系

2. 有一套公認的專業技術或行為

3. 有系統化的專業人才培訓體制

4. 有專業人員的組織或團體

5. 有專業人員的資格或證照

6. 有專業人員倫理或規範

7. 獲社群認可

　　至於如何讓幼稚園成為學習型組織，五項修鍊的「自我超越」（personal mastery）、改變心智模式（improving mental）、建立共同願景（building shared vision）、團隊學習（team learning）以及系統性思考（systems thinking）就成了此次工作坊的重點任務；幼稚園本位經營的發展（如圖9.1）（陳慈娟，2004）與實踐非賴此不為功。

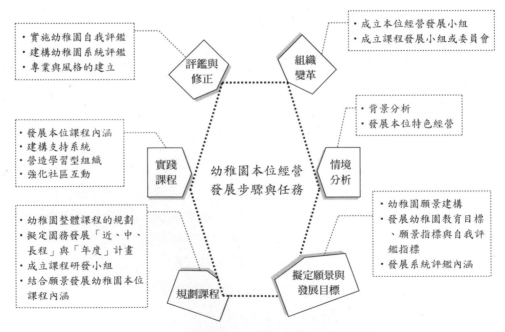

圖 9.1　幼稚園本位課程經營步驟與任務

根據圖 9.1 所示，我國幼稚園在實施本位經營時，各階段應有的任務如下：

㈠組織變革階段

此一階段可將園內人員成立「幼稚園經營發展小組」，其次再將主力放置在幼稚園經營時往往顯見最弱勢的「課程」與「教學保育」。

1. 任務 1：成立課程發展委員會

園長應擬定「課程發展委員會設置辦法」，將「課程發展委員會」的功能、組成人員及產生方式與運作方式等規定清楚，經園務會議討論後議決，正式成立「課程發展委員會」，做為推動本位課程發展的依據。「課程發展委員會」成員應包括行政人員（附幼應結合國小校長與主任）、全體教師與家長，並邀請專家學者提供諮詢。

2. 任務 2：成立「課程研發小組」

園長應視幼稚園「規模」與實際需要，「彈性」成立課程研發小組，負責討論發展課程。而園長應積極參與課程發展之相關會議，以了解教師需求並給予適時而充分的協助、輔導改進各項措施。

㈡情境分析階段

1. 任務 1：幼稚園背景分析 SWOT

園長應領導教師利用情境分析工具 SWOT 針對幼稚園的內外在各項條件進行客觀的探討，做為形塑願景的基礎。

2. 任務 2：發展本位經營的特色

園長及教師依 SWOT 的背景分析，著力於優勢條件發展特色，展現專業的

風格。

(三)擬定願景與發展目標階段

1. 任務 1：幼稚園願景建構

形塑願景時，園長必須帶領幼稚園全體成員，共同釐清幼稚園的課程哲學與信念，建立幼稚園的發展方向。

2. 任務 2：發展幼稚園教育目標與願景指標

園長必須領導教師們將願景具像化，轉換為最重要的學習指標，並具體而妥適地融入適當的教學領域，做為教師發展課程的焦點與核心依據。

(四)規劃課程階段

1. 任務 1：幼稚園整體課程的規劃

園長必須具備「知人善任」的領導能力，深入了解園內教師專長，並兼顧國家課程、地方課程與園所本位課程的連結，以規劃幼稚園整體課程；此外可視實際需要，聘請學者專家協助幼稚園課程發展。

2. 任務 2：擬定園務發展「近、中、長程」計畫，同時將其轉化並積極推動「年度」計畫

園長應根據願景與幼稚園整體課程規劃，擬定園務發展的「近、中、長程」及「年度」執行計畫，並依「園務行政」、「環境設備」、「課程與教學」的分類方式，詳列各項工作的預定執行日期、經費概算、經費來源、預期效益、評估方式、執行情形，編列預算、落實專款專用，逐年檢討與修正。

㈤發展與實踐課程階段

1. 任務 1：發展本位課程內涵

園長應引導全體教師根據願景與幼稚園整體課程規劃，發展屬於幼稚園的本位課程內涵，並藉由評鑑的回饋機制不斷修正課程發展的方向。

2. 任務 2：建構支持系統

利用正式會議來凝聚成員共識、協助教師釐清課程定義和實施原則、協調人事、經費、時間、課程、督導行政部門支援教師教學、將「家長資源網」以及「社區資源」納入「支持系統」、建立「E化系統」以簡化園務……等，讓教師在共同合作的行動中感受到支持的力量，使本位課程能順利進行。

3. 任務 3：營造學習型組織

園長應以身作則追求專業成長、運用教學會議、成長團體、校內外教學觀摩、本位課程專業知能研習……等方式，提升教師參與本位課程發展的意願與能力。

4. 任務 4：強化社區互動

可利用新生報名、新生家長座談會、親師懇談會……等方式，向家長宣揚本位課程理念；藉由「親師懇談會」招募義工，建立家長資源網，積極尋求家長支援；主動接洽社區機構以開拓社區資源，建構社區資源網路等做法，獲得落實本位課程的支持與協助力量。

㈥評鑑與修正階段

1. 任務 1：實施幼稚園自我評鑑與系統評鑑

　　(1)訂定本位經營的評鑑標準與指標，並根據課程實施情形與幼兒評量結果等回饋資料，適切修正課程；(2)鼓勵教師，提出評鑑制度的建議，做為建構自我評鑑系統的基礎；(3)邀請教授或專家學者指導，建構完善的自我評鑑系統，為幼稚園本位課程進行更周全的檢核，提升課程品質，讓幼兒、教師與家長都受惠。

2. 任務 2：專業與風格的建立

　　綜覽幼稚園本位發展現況與教育革新趨勢，發現隨著社會大環境的變遷，人們希望教育能夠符合更多人的期望。但是就現實面而言，幼稚園如果一味地迎合家長非專業的需求，將造成才藝教學「獨霸」課程的局面；反之，若堅持願景理念與各階段任務，將面臨招生不足與經營困難的壓力。因此，幼稚園園長如何在關照幼教專業，又能及時因應社會變遷的家長期望；因此，積極尋求家長、教師的專業認同與社區支持，同心協力發展幼稚園本位課程，展現幼稚園本位經營的專業與特色乃當務之急。

二、多元智能在教育上的意義及其內涵

　　1979 年哈佛教育研究學院（Harvard Education Study College）的小組研究員接受凡利爾基金會（Bernard Van Leer Foundation Committee）的邀請，進行有關人類潛能的本質和實現的研究，並將當時的結果於 1983 年結集成《心智的架構》（*Frames of Mind: The Theory of Multiple Intelligences*，簡稱 MI）一書，Gardner 教授為其中之一員。Gardner 從研究天才兒童、腦傷病患、白痴學者（idiot-savant）、正常兒童及成人、不同行業的專家，以及不同文化的個體來檢驗證據並形成多元智能理論（Gardner, 1983）。

過去 20 年裡，Gardner 早上到波士頓榮民總醫院觀察中風病人的認知表現，下午去哈佛大學零方案研究室觀察正常和資優兒童在認知能力方面的發展，這個獨特的經驗使他看到了智能的多元性質（Gardner, 1999），如：一個邏輯─數學智能（logical-mathematical intelligence）優勢的人，他可能方向感不佳，連走路或搭車都會搞錯，空間的能力不是很理想，光是測量他（她）的邏輯─數學智能並不能預測他（她）的空間智能（spatial intelligence）是優或劣；心智的能力可以是相互獨立的模組，他認為人的智能是多元的，除了語文智能（linguistic intelligence）、邏輯─數學智能等一般智力測驗所偏向的智能之外，還有空間智能、肢體─動覺智能（bodily-kinesthetic intelligence）、音樂智能（musical intelligence）、人際智能（interpersonal intelligence）、內省智能（intrapersonal intelligence）以及自然觀察智能（naturalist intelligence），一反通俗的傳統智力觀。Gardner 提出人類多元智能；正如 Fuller 所言：如果我們堅持只用一張濾光板觀看心靈，那原本像彩虹般七彩繽紛的智能，就會變成索然無味的白光。

㈠多元智能在教育上的意義

過去在美國及西方文化中對於智能的解釋，傾向於將其視為個人在智商測驗（IQ test）所得到的分數。最近 R. Sternberg 發展出智能的三元論，他在其中分析個體在解決問題時，所使用的各種資訊處理機制（information-processing machanisms），並深入探討這些機制所帶來的影響。康乃爾大學的 S. Ceci 則提出一種認知的生物生態學觀點（bioecological view of cognition），他強調在完成某種需要智能投入的工作時，知識和情境具有相當高的重要性，而非只需抽象問題解決的能力而已。Gardner 強調的是在不同的文化和個體間，智能有不同的形式，他主張這些不同的形式來自於心智的基本架構（引自葉嘉青，

2002）。

　　智能並不是某種神奇可以用測驗來衡量的東西，也不是只有少數人才能擁有。相反的，每個人都擁有不同程度的智能，並表現在生活各個方面的能力。Gardner將智能定義為：智能是在特定文化背景或社會中解決問題或創造某個社會所重視的產品的能力。

　　因此，迦納的多元智能其定義至少包括下列三方面的含義：

1. 離不開實際生活場域——離開環境孤立而抽象的談智力是毫無意義的。
2. 應能解決實際問題——智能不應虛無飄渺的僅存於人的頭腦，在一個活生生的社會環境裡誰最能解決問題誰就是最具智能的人。
3. 創造與服務是一體觀——能對自己所屬文化提供重要的創造和服務，就是智能的最高表現，創造代代相傳的人類文化產品，就是人類各種智能的具體表現。

㈡比西・魏氏智力測驗與多元智能理論分析

　　智力測驗的發展自 1905 年起至今已有一個世紀之久，比起 1983 年 Gardner 出版的《心智架構》，整整早了 78 年，下面就臺北市立師範學院修訂美國新編斯比量表第四版（The Standford-Binet Intelligence Scale），以及 1979 年國立臺灣師範大學特殊教育中心和教育心理學系修訂自魏克斯勒所編魏氏兒童智力量表（Wechsler Intelligence Scale for Children）（臺北市政府教育局，2001），就理論源起背景、課程與教學以及評量等方面和 Gardner 多元智能做一比較（表9.1）（盧美貴整理，2003）。

表 9.1 多元智能理論與比西‧魏氏智力理論比較

比較項目 \ 類別		多元智能理論	比西‧魏氏智力理論
背景理論	源起	• 1983 年 Gandner 認為過去的智力理論有其缺失。 • Spearman「普通智力」（general intelligence）G 因素窄化智力範疇。 • Thurstone 及 Kelly 等人因素分析（favtor analysis）雖給多元性向測驗編製提供理論基礎，但並無法證明各因素間的獨立性（黃安邦譯，Anastasi 著，1991）。	• 1905 年法國心理學比奈（A. Binet）及西蒙（T.Simon）等人所發展的智力測驗，評量 3-11 歲兒童普通的認知能力。 • 魏氏兒童智力量表主要評量 6-15 歲兒童普通認知能力。
	依據	• 人文主義學派。	• 行為主義學派。
	定義	• 解決問題的能力或是在各個文化背景中創作該文化所重視的作品。	• 認為是一種普遍存在、單一的能力。
	內容	• 包括：語文、視覺—空間、音樂、肢體—動覺、內省、邏輯—數學、人際和自然觀察智能。	• 比西量表——包括四部分 15 個分測驗：語文推理、數量推理、視覺抽象推理及短期記憶。 • 魏氏量表——包括語文及作業量表兩部分。
課程與教學	教育目標	• 教育的主要目標是教會學生如何學習、如何思考、以及盡可能在更多方面展現才能。	• 學生在學校必須精熟一套清楚界定的知識體系，並且要能在測驗中展現或複製。
	評量方式	• 課程和評量未明顯劃分；亦即，評量隨時存在並貫穿於課程與每日的教學中係處境評量（contextualized assessments）。	• 評量和課程與教學分立；亦即評量有其特定時間、地點和方法，採離境評量（decontextualized assessments）。

表 9.1　多元智能理論與比西‧魏氏智力理論比較（續上表）

比較項目	類別	多元智能理論	比西‧魏氏智力理論
課程與教學	教學方法	●提供對學習過程有用的訊息，以多元化方式教學。	●以一種方式對待學生。
	學習對象	●學生是主動且負責的學習者，在學習過程是教師的合作夥伴。 ●沒有所謂的標準學生，每一個學生都是獨一無二，因此教學和測驗必須個別化和多元化。	●學生是被動的學習者，是有待填充的空容器。 ●所有的學生基本上都是一樣的，而且可以用相同的方式來學習；因此，教學和測驗都是可以標準化的。
	學習內容	●學習完全是一種主觀的事件，透過學習把自己和世界的認識加以改變、擴展、質疑、加深和延伸等等。	●學習就是要精熟各式各樣的客觀事實資訊，像是日期、程序、公式、圖像等等。
	學習結果	●成功的教學在於為學生日後能過充實生活做好準備；所以重心在於教學生能將所學應用到日常生活中。	●成功的教學就是讓學生有能力通過各種考試，這些考試是為了評量學生在不同科目中的知識。
評量	目的	●課程與學校目標的設定是為了引發學生完整的才能和學習潛能。 ●發展測驗時，首要考量是對學生學習的助益；如果評量是為了因應學生的需求，並幫助學生提升生活，則效率就不是考量的因素。	●測驗成績導引課程和學校教育目標（考試領導教學）。 ●發展測驗時，首要的考量視測驗方式的效率（即易於計分、量化與實施的條件）。
	方法	●採用以實作為基礎的直接評量方式，廣泛運用各式各樣的測驗工具，以求對學生知識與學習能提供一個完整、正確和公平的描繪。	●常模參照或效標參照的標準化測驗分數，就是學生在知識上和學習上最重要的指標。 ●單一時間的離境評量，少有文字性描述與記錄。

表 9.1　多元智能理論與比西‧魏氏智力理論比較（續上表）

比較項目 \ 類別		多元智能理論	比西‧魏氏智力理論
評量	方法	• 持續性的處境評量，建立學生學習檔案。 • 結合生活情境，允許老師發展有意義課程規劃，並在現場評估學生的學習。	• 抽離實際生活情境。在單一時刻內，測驗學生所記憶與學習的知識。
	工具	• 學生所製作並持續成長的學習檔案，描繪出學生進步的完整圖像，檔案中不僅包括紙筆測驗的成績，也包括其他的評量工具。	• 紙筆測驗是測量學生進步的唯一有效工具。
	結果呈現	• 「J 型曲線」：知識的成長是一種累積的走向。 • 享受生動、有趣和令人興奮的經驗。用來強化和表彰學生的學習，並提供機會給學生將所學轉移到校外生活的能力。	• 「鐘型的常態曲線」：是各種常模參照測驗上對學生表現篩選分類的根據。 • 製造影響學生表現的壓力。用來指出學生的失敗，進行學生間的比較。

三、多元智能課程的實施——迷思與省思

　　從系統化理論「單一律則」次序性軌道的課程，到「知識再建概念化」以至「後現代課程」奔跑於路的經驗與歷程的掌握並非易事。因為即使我們可以在課程理論上推翻系統化課程發展的思維，然而在實際的課程領域裡，課程發展仍然以傳統的型態在各個國家存在著。教育被當成一個國家達成政治目的、經濟發展或公民利益的工具，而「課程」則是這個工具最核心的部分（周淑卿，2002）。如何從課程發展與研究的演進，在理想與現實之間建構本土化的多元智能課程與評量是我們的期待。

(一)從智商轉換到啟發多元智能教育

　　九年一貫課程強調教師宜擺脫「課程執行者」的被動角色，在自己學校或教室的生活脈絡中重新思考；教室內課程目標的設立、學習經驗的選擇與組織應來自師生的共同討論，課程的實施應是學習經驗的探索過程，課程的評鑑應是學習過程的體驗與反省；然而我們看到的資優學生的甄選，不少學校依舊來自比西與魏氏智力測驗，罔顧其他學生在肢體動作、音樂、內省、人際互動、人際關係與自然探索智能。也難怪九年一貫十大基本能力不能被學生「帶著走」，70%以上的中、小學生每天處於不快樂的學習之中。

1. 喚醒對多元智能的認知（師大特教中心，2001）

　　大多數人（包括教師或家長）可能聽過多元智能，但對其真義的認識可能是模糊、簡化甚至是錯誤的。

2. 接納採用多元智能

　　知道多元智能理論是一回事，接受並採用多元智能做為依法有據及可供參考的重要智能指標又是另一回事。

3. 將多元智能整合於教室與學校之中

　　這是本研究將分析與研究近百年課程發展之後，聚焦研究與實踐之處，Gardner的多元智能理論在美國已有很多學校運用，如 project SUMIT（School Using Multiple Intelligence Theory）（www.pzweb.harvard.edu/sumit），臺灣雖有少數學校已在進行試驗，其成果與盲點如何？或許可以藉此做為後設研究的好機會。

4. 社區結合與服務學習

　　啟發多元智能教育目標之一是將教室課程活動與成人為主的社區活動緊密

結合，社區服務學習計畫可以成功的將教室與社區結合，並可經由服務建立個人價值。

5. 終身學習與領導才能

經由MI的學習達成其終極目標，使學生成為終身學習的熱愛者，也因課程的學習與社區融合及參與，因而展現領導才華。

㈡落實多元智能本土化發展

目前國內九年一貫革新教育推動的不順利，多半來自人們對人主體性的忽視，學校的測驗內容仍是來自於外界所設定的目標與文本的內容。Goodson 於1995 年認為課程不是書面的文本，而是當下的行動，並且是允許矛盾、脫軌及超越的行動；這些對課程的界定，皆視課程為教師與學生共同建構與尋求意義的經驗與歷程，也就是無論設計、實施、評鑑都將是教師與學生共同投入的歷程（周淑卿，2002）。因為如果缺乏這種真實情境中所萌發的知識，課程充其量也只是個「文本」。

1. 權力的再建構化

為了達到教師的增權賦能（empowerment），以及落實由下而上凝聚共識的學校課程，有不少研究發現：學校的教育願景、校長的辦學理念、教師素養與專業成長、家長參與的期望、行政支援、教職員工的異動、參與成員角色與職權的明確度，以及課程評鑑的機制等，是一個學校實施革新課程成敗與否的重要關鍵。

2. 知識的再概念化

多元智能不僅是課程和教學的再概念化、更是課程、教學、評量，甚至學校、教師、父母、教科書等都要重新思考、再定位和再概念化。課程不再是產

品，學習者不再被物化，課程應該是實際（curriculum as practice）與實踐（curriculum as praxis）（歐用生，2000）；課程是師生互動產生，因此師生是學習的主體而非客體。基於課程是實踐的意義，以及師生共創的歷程，因此課程是否與生活息息相關，以及教師是否能成為一個行動研究者，親師生是否能共同參與課程的發展，這些焦點在學校的統整課程與協同教學上是相當重要的一環。

3. 學校文化的再生化

「課程改革的實施在獨特、複雜情境的教與學過程，校長、老師、父母與學生將不同的生活經驗、價值與意識形態帶到情境之中，經由協商、適應、對話與妥協的過程」（Dalton, 1988）。因此探討一個屬於學校自身多元智能的願景與課程，建構一個學習型組織與建立一個完善的分享系統是必須的。張稚美（2000）針對落實MI本土化提出學校改革六大方針的檢核表：文化（culture）的信念和態度、實施MI的準備程度（readiness）、教師的合作習性（collaboration）、提供師生課程、學習與評量的選擇機會（choice）、發展工具（tool）——這些工具是用來發展學生高品質的學習成果、肯定學生多元能力、幫助學生持續對學習的興趣，以及共同擬定校內或校際評分指標（scoring rubrics）；另外藝術（art）課程的重視，以及充實學生心靈成長改善生活品質，透過統整課程的計畫和目標，使學生對美學有深入的體驗繼而潛移默化等。這個項目的提出和歐用生教授引用K.Kesson「詩性智慧」概念，以及陳伯璋教授「留白課程」讓主客體保持美感距離，而在欣賞與創造之間產生對話機制，「留白」展現無限的可能、期待與希望，從中充滿主動學習的契機，「靈性之旅」（astral journal）於焉產生！

(三)心智習性的改變

「心智習性」是一種思考方式但又不僅止於思考方式而已，它已經內化於

個人思考和行為的慣性中（李弘善，2001）。傳統的IQ觀念認為智力就是一種普遍存在的、單一的心智能力，可以用 IQ 測驗和 Spearman 於 1904 年提出的「G 因素」的理論加以量化。多元智能以為面對複雜多變的非線性環境時，誰能將問題加以解決誰就具有智能。因此，系統理論或當代理論所強調「巨型敘述」（meta narrative）普遍性、同一性和客觀性，就得被納入「歷史」、「社會」、「文化」或「地方知識」（local knowledge）差異性生活經驗來加以考量。國人心智習慣的改變也必須在多元智能課程本土化建構時跟著調整與建立。Wiggins（2000）定義心智習性的成就指標如下；學生學習和堅持的程度如何？是不是滿腔熱情迎接問題和挑戰？他們是不是已經超越了交差了事或疲於應付的心態？有 16 項心智習性可供我們在建構本土化 MI 課程與教學評量時的考量：堅持（persisting）、控制衝動（managing impulsivity）、了解和同理心傾聽（listening with understanding and empathy）、彈性思考（thinking flexibly）、反省性思考（thinking about thinking）、力求精確（striving for accnracy）、質疑並提問（questioning and posing problems）、應用舊知識於新情境（applying past knowledge to new situations）、清楚、精確的思考和溝通（thinking and communicating with clarity and precision）、用各種感官覺察（gathing data through all sence），以及創意、想像和創新（creating, imagining and innovating）（李弘善譯，2001）。

㈣提升內在動機的學習

Shearer 以為多元智能學習首在建立知己能力（building intrapersonal intelligence）（李弘善譯，2001），建立知己能力可做下列項目的努力：⑴了解自己過去及現有的知識、能力與經驗；⑵重新思考現在、過去與未來的意義與規劃；⑶肯定情感與看法或觀點；⑷獲得有關自我、技能及行為的正向回饋；⑸促進同儕間真誠的互動；⑹在家長與學生間促成相互了解的對話（dialogue）空間；⑺幫助學生找到適合自己的社會典範；⑻加強目標導向的特定技能；⑼提供自

我評量（self-assessment）的機會。除了建立學生自知能力外，以此為基礎提升學生內在動機的教學也必須加強。如：提供學生參與表達課程目標與活動內容的意見、給予足夠的時間與機會探討主題、學生能夠選擇自己擅長的優勢智能來完成學習目標，以及建立簡單明確的基準自我評量等，因為內在學習動機的提升往往是落實真正以學生為主體的新學習體制的基礎。

教師在提升學生內在動機的學習過程扮演觸媒的角色，教師唯有不斷的對行動反省（reflection-on-action）、在行動中反省（reflection-in-action）以及為行動反省（reflection-for-action）方有提升學生內在學習動機的可能；然而在巨大制度的壓力下，教師如何尋求自己的空間與努力的方向乃本研究要探討的目的。我們的教師向來不被鼓勵走向街頭或參與政治活動，但是教師對於形塑學校教育的目的和條件，必須擔負一個負責任的角色（莊明貞，2001）卻是被肯定的。

五結語——本土化多元智能教育課程的誕生

由於個人所處文化脈絡的不同，加上生活環境人人有異；每個學生優勢智能的不同學習風格自然有異。Silver（2000，田耐青譯，2002）將學習風格（Learning styles）區分為四：精熟型（mastery style）、理解型（understanding style）、自我表現型（self-expressive style）及人際互動型（interpersonal style），此四種類型的學習方式因感受（sensing）、思考（thinking）、直覺（intuition）及情感（felling）彼此交織的不同而形成，「聰明可以有很多種」人人均可學習（so each may learn）的立論基礎。Gardner 這種理論頗符合近百年來課程發展與研究「再概念化」以至「後現代」主義思潮，把人的層面再置入更寬廣的生態體系中來檢討課程本質及其背後的價值和意義。尤其指出課程概念的多元性、多樣性和不確定性，正是展現出價值的創造和可能，在方法論上的眾「聲」平等，更可以「主」「客」並立，「質」「量」齊出，以多元智能成為發展課程的主軸其意義也在於此（陳伯璋，2003）。

第十章

研究目的

基於前述的迷思與省思，本研究目的有四：

1. 探討育航幼稚園本位課程發展的行動歷程與任務。

2. 分析以多元智能做為育航幼稚園發展本位課程的問題及其系統建構。

3. 利用「心智圖法」與「課程地圖」做為幼稚園課程本位系統化工具。

4. 發展「育航」成為一個協議式學習（negotiated learning）與具專業行動研究能力的幼稚園團隊。

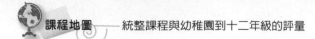

第十一章
研究設計與實施

一、研究方法

1. 文獻蒐集與分析

   透過 ERIC 資料庫、光碟論文摘要（DAO）、OCLC、Firstsearch、中文
   期刊光碟等資料庫及各大學圖書館系統；至於 MI 理論與提問則直接與
   Gardner 郵件地址：ngasst@pz.harvard.edu 連絡，國外 MI 實施學校（SUM-
   IT）則查尋相關網站如：www.pzweb.harvard.edu/sumit

2. 概念構圖法

   概念構圖法係 Trochim 教授於 1986 年所創，此方法的步驟說明如下：
   (1)準備（preparation）
   (2)產生意見（generation of statement）
   (3)意見結構化（structuring of statement）

⑷意見呈現（representation of statement）

⑸圖形解釋（interpretation of maps）

⑹圖形利用（utilization of maps）

本研究係利用此法腦力激盪提出大量觀點的陳述，以及在不加批判的環境下盡可能提出個人看法，經討論與凝聚共識後形成圖示，發展研究架構與國內本土化 MI 課程與評量指標（indicators）及規準（criteria）。

3. 此外，工作坊（學習型組織的成立）、參與觀察、文件分析與座談會等方式，都會在此一行動研究期間適時的採用。

二、研究工具

㈠ E 化工具（Ⅰ）——心智圖法（mind mapping）簡介

英國學者 Tony Buzan 於 1970 年代所創，Buzan 於大學時代歷經傳統典型教學的「朝聖歷程」（老師講說與學生記誦），為了解此難題，Buzan 開始研究心理學、腦部神經生理學、語言學、資訊理論、理解與記憶、創意思考及一般科學，將研發的放射性思考（radiant thinking）和心智圖法概念公諸於世。心智圖法善用左右腦的功能，圖文並重的技巧，藉由顏色、圖像、符碼的使用以及協助人們的系統類化能力，同時增進我們的創造力。本研究擬利用其「聯想心智繪圖」，以及「分類分層心智圖」在幼稚園冗雜而缺乏系統脈絡的「雜繪」課程，建構專業而系統的本位課程風格。

1. 迎戰未來的關鍵利器——心智地圖

Buzan 在 1990 年代開始組織一個「心像研究學會」，對大腦的學習活動——心像（mental image）進行研究。心像是指「使經過的事情在記憶想像中重現的一種影像」，而每一個人均擁有在心中描繪事務本能。心像的形式類型包含：

(1)記憶性心像；(2)結構性心像；(3)創造性心像；(4)夢境心像。心像的產生來自真實的經驗，也來自結構性思考，更有來自不可捉摸的白日夢、創造性心像。

2000 多年前的西臘天文學家，即用「心智地圖」，將不計其數的繁星擬人化、擬物化，如仙女座、獵戶座、天蠍座、天琴座、小熊座……使天體之繁星圖像化，易於人類辨識與記憶（鄭照順，2004）。21 世紀是知識爆炸、資訊快速更迭的 E 世代，為了能跟上時代的腳步，我們勢必要不斷學習新的技能，以因應全新的問題。面對日益迅速發展、複雜不確定的 21 世紀，能否成功，主要取決於能否具備有快速的學習能力，而心智地圖即是迎戰未來的關鍵利器。

⑴心智地圖的意義

Buzan 指出人類的左、右腦用不同的方式吸收資訊，左腦則擅長編目錄、邏輯、數學、決策、語言，右腦則擅長於想像力、空間、思考綜觀全局等。心智地圖即是應用圖形、感覺、情境、線條、邏輯、順序、符號及關鍵字等工具，將人類獲取的資訊「視覺化」及「圖像化」，以強化「學習效果」、「記憶能力」及「創新智慧」的一種學習方法。

心智地圖是一種將放射性思考具體化的方法，其善用左右腦的功能，以圖文並重的技巧，藉由顏色、圖像、符號的使用以及協助人們的系統類化能力，同時增進我們的創造力。

心智地圖亦即大腦的地圖，它是以圖解心像聯想技巧，來開啟腦力潛能的一把實用鑰匙，藉由心智地圖可提供我們快速學習的方法及條理思考的方式。

⑵心智地圖的功用

心智地圖，又稱腦圖、思維導圖、靈感觸發圖、概念地圖或思維地圖，乃是利用圖像式思考的輔助，來表達思維的一種工具。心智地圖如同大腦的地圖，猶如樹枝般向四周放射的線圖，密密麻麻寫滿各種事項，繽紛的色彩及圖形，乍看之下，或許以為是孩童的塗鴉，其實卻是一套幫助分析、學習、記憶的高效能工具。

近幾年來，心智地圖也逐漸受到企業的青睞，包括臺積電、明基、IBM、

華邦電、瑞昱、凌陽、中國信託、統一星巴克、松下等企業，都採用心智地圖為企業內訓課程之一，藉以提升組織績效。第一次看到心智圖的人，可能覺得跟一般的樹狀圖沒兩樣，孫易新解釋兩者其實有很大的不同，傳統的樹狀圖，應該叫決策圖或分析樹，比較偏向左腦的功能，如邏輯、序列等，而心智圖則特別加入右腦的聯想、創造力等，協助全腦發展。心智地圖除了擴散性思考外，色彩與圖像的運用亦是一大特色，用以幫助聯想與記憶。例如：提到宴會，用紅色線條，並加上雞尾酒圖形。至於色彩、圖形使用的原則，則看個人對某件事情、觀念的認知與聯想了。

心智地圖分為以下兩種：

- 聯想心智繪圖：進行事物聯想的腦力激盪。
- 分類分層心智繪圖：將知識分門別類，以代替傳統的筆記方式，在大腦中建立整體架構以幫助記憶和學習（分類記憶法）、幫助思考和決策（分類思考法）。

心智地圖就好像是地圖上的道路，在一個大區域或主題中，提供一個概觀，其功用如下：

- 提供一個路線圖。
- 協助搜集、整理大量的資料。
- 激勵以新的、創意的方式解決問題。
- 提升工作效率，心智地圖法在職場上的運用可謂千變萬化，其主要的效益就在於「提升工作績效」。以業務部門為例，利用心智地圖可以讓業務人員更深入剖析客戶的需求，清楚記住客戶的特性。亦可應用於時間管理、會議記錄、書摘、講稿整理。
- 使觀察事物、閱讀、靜思或記憶都成為非常愉快事情。
- 吸引並掌控注意力及思維。
- 掌握正確使用規則，心智地圖之妙用無窮。

心智地圖亦即大腦的地圖，心智地圖的運用就是建構在大腦的「結構性擴

散思考模式」，運用製作心智地圖的方法，可以充分發揮左腦的邏輯分析、推理能力，以及右腦的創新思考、記憶能力。

(3)心智地圖超強記憶的12項原則

Buzan在心智地圖的訓練中，提供大家一個非常實用有效的記憶方法，共有12項原則，提供我們記憶時運用之，茲分述如下：

- 把要記憶的事物伴隨著視覺、聽覺、嗅覺、味覺、觸覺，充分感受到那「東西」活生生地出現在腦海。
- 動作：會動的東西才有生命力，也容易引發大腦的興趣。
- 聯想：依據事物的關聯性連結在一起，循著蛛絲馬跡的線索不但容易記憶，且數量驚人。
- 性感：大自然生命的延續靠的就是這個，以健康的心態，將它與事物聯想在一起，有助引發興趣，記憶當然深刻。
- 幽默：幽默有助於心情的放鬆，幫助學習。
- 影像化：多年不見的朋友，你或許已忘了他的名字，但長相特徵你八成都還記得。因此，將事物影像化能讓你保有長期的記憶。
- 數字量化：數字量化讓我們清楚知道事物總數量，幫助記憶。
- 符號：特殊符號能凸顯重點所在，強化記憶。
- 色彩：色彩不但能凸顯重點所在，並能表達情緒，愈與實際生活接近的事物，愈容易被頭腦接受。
- 順序：按照順序的先後排列，有助於聯想的貫穿。
- 積極：正向積極，活潑開朗的心態，對事物產生濃厚的興趣，正是成功人士的特徵之一。
- 誇張：誇張一點點，能帶來幽默的效果，並使事物產生凸顯作用，在腦海留下深刻印象。

　　心智地圖是以圖解心像聯想技巧開啟腦力潛能非常實用的一把鑰匙，它是左右腦全方位的應用技巧，包括文字、影像、數字、邏輯、韻律、色彩以及特

殊的觀察方法，給予你的大腦一個無限寬廣的想像空間。心智地圖可以應用到生活的每一個環節，不但能增進記憶力、強化學習效果、思慮更加周詳，還能提升生命的成就感。

　　自從 1970 年 Buzan 首創心智地圖之後，已有好幾百萬的人學習此一技巧，只要你願意增進頭腦工作效率，不論是幼稚園小朋友、學生、上班族、工商人士、企業家……甚至退休人員，學習心智地圖使自己多一些記憶的不可能。

⑷心智地圖的繪製

　　心智地圖是一種輔助思考的工具，它透過在平面上的一個主題出發畫出相關聯的對象，像一個心臟及其周邊的血管圖，故稱為「心智地圖」。由於這種表現方式和人思考時的空間想像比單純的文本更加接近，已經愈來愈為大家用於創造性思維過程中。心智地圖在創意、文檔規劃和記錄筆記等場合中廣為應用。Mindjet 公司的 MindManager 是專業的心智圖工具，微軟的 Visio 2002 及以上版本提供了畫心智地圖的功能。茲將心智地圖的繪製方法說明如下：

- 準備空白 A3 或 A4 的白紙，自由發揮不受限制的思考空間，將中心主題畫在紙的中央。
- 影像的使用：最好是彩色、立體的，因為愈與實際生活相似則愈容易觸發思考及強化記憶。
- 色彩的使用：每一種色彩對每一個人都代表不同的意義。
- 文字的使用：每一線條上的文字都是關鍵字的選擇，以正楷書寫在線條上不受妨礙的位置，且以一個「單字」為原則。
- 線條的長度大約與圖形大小或書寫文字長度相當，線條的結構要流暢、層次要分明，與中央主題連接的部分由粗而細，其餘分支以細線條繪製。
- 整個心智地圖的結構層次是放射狀，它是聯想的引導及表現。整個結構必須輪廓清晰，且有一定的順序（順時針或逆時針，依個人的習慣或主題內容可以自由決定）。

- 心智地圖的風格要能將重點突顯出來,且有個人的特色。

2. 心智地圖在幼稚園課程的應用

⑴了解孩子的個別差異

　　每一個孩子都是獨一無二的個體,有屬於自己的心智地圖。美國小兒科醫師 Mel Levine 在其所著《心智地圖》(*A Mind at a Time*)一書中提及從臨床經驗中發現,每個人在不同時間,會有不同的心智,人的心智會隨時間改變(蕭德蘭譯,2004),在其書中介紹人類的 8 大重要系統,分別是:

- 注意力掌控系統,大腦管理總部。
- 記憶系統,有長期、短期之分。
- 語言系統,有口語、學術語言。
- 空間秩序系統,掌空間配置的資訊。
- 順序系統,管理時間的先後順序。
- 動作系統,運動、寫字、拉琴、使用剪刀等能力。
- 高層次思考系統,解決問題、邏輯思考、運用規則等能力。
- 社交思考系統,人際關係的處理,缺少了會不快樂。

　　孩子的成長與此八大系統相關,彼此相互影響,若能及早發現問題進行補救,避免長期不用而導致退化。研究顯示,人在 5、6 歲時就已發展出 50%的潛在腦力。所以「心智地圖」及「學習地圖」在幼稚園應用就非常重要。

　　當孩子前面的 8 大重要系統的其中一項出現障礙時,解決之道是家長及教師們應先了解以下狀況:①某些系統若長期間不使用,仍可能退縮;②此八大重要系統是彼此相輔相成的,缺一不可,因此,解決之道如下:

- 觀念上:父母不要放棄孩子,勿讓孩子放棄自己。
- 化解迷惑:協助孩子肯定自己並用確切名詞明白指出孩子遭遇的困難為何。當一條路無法達到目的時,教他衡量其他方式的可行性。
- 設法修復:明白孩子缺少的能力之後,加強他的缺失能力,例如:有些

孩子缺少練習機會才導致學習弱勢，則應為他增加練習機會。若能使用孩子的優勢能力去學習他的弱勢，相信更能增強孩子學習的意願。

● 防止孩子受屈辱：這是此書作者最為強調的一點，畢竟每個人都不願意在其他人面前出糗，而「優秀是教出來的」。

天生我才必有用，父母、師長應了解每個孩子與眾不同的獨特性，採用正面教養方式，給予支持、協助、鼓勵、肯定，與孩子共同面對問題，以及修復障礙，將每個孩子帶上來，讓每個孩子在屬於自己的一片天展現獨特的風格，才是教育的本質。

⑵ **因材施教**

Gardner（1983）的多元智能包括：

● 語文智能

● 邏輯—數學智能

● 空間智能

● 肢體—動覺智能

● 音樂智能

● 人際智能

● 內省智能

● 自然觀察者智能。

每個人都是獨立的個體，彼此之間的個別差異大。依多元智能理論的觀點是每個人都擁有不同的智能範疇，每個人都是可造之才，只要給予適當的啟發，都可發展到一定的水準；古代偉大教育家「孔子」得天下「英才」教育之，依其不同的個別差異施以個別化教育。

本園的願景為「MI大能力教育、3C新世紀領航」，願景涵蓋親、師、生的圖像〔創意的幼兒（Creative children）、自信的老師（Confident teacher）、關懷的家長（Caring parents）〕。育航的課程發展架構發展，以完成「幼兒圖像」為起點，依據願景教育目標——培養基本能力、開啟多元智能，進而決定

課程內涵──基本能力及多元智能（包含「主題教學」與「光譜計畫」），設定每項課程內容的教學目標與教學方法，並發展涵蓋「核心項目」與「個人項目」的「評量系統」來檢核幼兒的學習是否達成預定目標。

　　為了豐富幼兒學習內涵及將多元智能的理念落實於教學中，我們除了引導幼兒依教學主題進行討論、建構、發現問題及解決問題之外，並依多元智能的理論，在園區設置了8大光譜學習中心──語文學習中心、數學邏輯學習中心、音樂學習中心、人際學習中心、內省學習中心、空間學習中心、肢體動覺學習中心、自然觀察學習中心，採漸進式方式實施（由雙週實施一次至每週實施一次），透過「週末活動」介紹光譜學習中心的負責老師、活動內容及地點，利用不同節奏的音樂，做為活動開始與結束的音樂。幼兒依興趣自由選擇學習中心活動，到光譜學習中心要戴名牌並帶觀察記錄表，以便負責光譜學習中心的老師記錄。實施一學期之後，我們從幼兒選擇光譜學習的過程中，發現幼兒的興趣及優勢智能，也發現學習中心是幼兒的最愛。每次光譜學習中心活動結束，幼兒總迫不急待地想告訴老師在光譜學習中活動的點滴。

3. 將心智圖化為課程發展的系統工具

　　心智地圖中，除了擴散性思考外，可運用色彩與圖像以幫助聯想與記憶。例如提到宴會，用紅色線條，並加上雞尾酒圖形。至於色彩、圖形使用的原則，則看個人對某件事情、觀念的認知與聯想了。目前心智地圖除了運用於學校教學、學生學習及個人資料整理外，也逐漸受到企業的青睞，以提升組織績效。

　　本園教師們在指導教授與資訊師的互動對話下，將心智地圖放射性思考化為具體化發展課程的系統工具；因有意見→呈現意見→利用圖示法解釋與修正概念→繼而清晰條理凝聚共識完成本研究。教師思考模式改變了，當然也會帶動家長與幼兒的思考學習，形成創造力行的研究團隊。利用心智地圖「聯想心智繪圖」以及「分類分層心智繪圖」在幼稚園冗雜而缺乏系統脈絡的「雜燴」課程，建構專業而系統的本位課程風格及幼稚園行政組織系統、教學歷程紀錄

及幼兒檔案評量上，茲分述如下：

⑴行政組織系統

　　本園將龐雜的園務組織資料，透過心智地圖以電腦軟體進行系統化的檔案管理，以強化園務組織資料的儲存、記憶及管理，以方便知識的管理、取用與分享，進而提升園務績效。

⑵教學歷程紀錄

　　本園運用心智地圖及學習地圖將課程內容作系統化的呈現，茲以太陽班潘彩玉、鐘淑鳳及游芝閔老師＜春之頌＞的概念網說明如下（如圖11.1）：

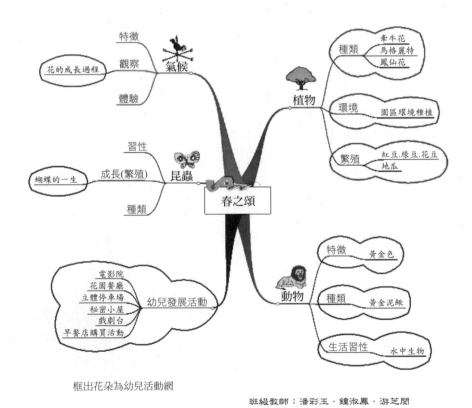

框出花朵為幼兒活動網

班級教師：潘彩玉·鐘淑鳳·游芝閔

圖 11.1　育航幼稚園「春之頌」概念圖

⑶建置幼兒學習檔

透過心智地圖，建置系統化的評量系統，以呈現幼兒學習表現與進步的情況（如圖 11.2）。評量的項目包含「結構性評量」與「描述性評量」（port-folio）；而評量內容包括「核心項目」與「個人項目」兩大系統（盧美貴，2004）。主題活動過程中亦鼓勵幼兒以心智地圖法將學習內容及過程描繪出來，以強化記憶，提升學習效能。

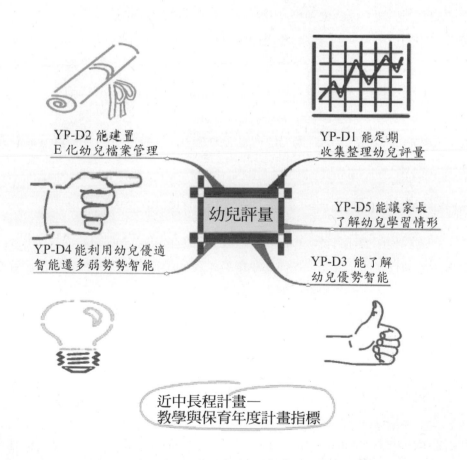

圖 11.2　臺北市立育航幼稚園幼兒評量架構圖

　　學習是一生的工作，也是永不止息地探索，以創造自己的理解能力。學習必須使自己有能力不斷分析並改善自己的學習方法，使自己有能力察覺自己的學習、思考過程。因此，我們不可停止學習及停止實踐我們所學的知識技能。面對資訊急速倍增的 21 世紀，我們要用一半的時間，學習兩倍的知識和技能。

　　為了應付這快速變化的世界，我們也必須具備更快速的學習能力。同時，為了應付這世界日益複雜的情況，我們也必須具備更強的邏輯分析能力，以及解決難題的創意。因此，善用「心智地圖」和「學習地圖」的秘訣，建置「E 化知識管理系統」以簡化園務，減輕教師行政負擔與有效提升時間管理，以迎接未來的關鍵學習，更能協助我們搜集、整理大量的資料，激勵我們以新的、充滿創意的方式去解決問題，提升工作效率。我們應了解並尊重每個幼兒獨一無二的不同，提供適性的教育環境，為學童創造激勵性、啟發性的學習環境，開啟幼兒的多元智能，讓孩子看見自己的天才。藉由「心智地圖」和「學習地圖」的秘訣，強化孩子的記憶、創意思考，進而快樂學習，以迎接 21 世紀快速學習的挑戰。

(二) E 化工具（Ⅱ）——課程圖法（curriculum mapping）

　　上述課程架構建置後，教師可以利用「課程圖法」了解整體課程（包括 9 個班級的課程脈絡，探究其如何與小學低年級的課程銜接），用日曆法記錄學生過去的經驗使他們對未來學習有更好的準備。

　　Jacobs（1997）是美國哥倫比亞大學教育學院課程與教學系教授，自 1981 年至今她的足跡遍及全美，指導教師如何使用以「日曆」方式為基礎的教學地圖。課程地圖有 7 個重要步驟：

　　1. 搜集資料：包括主題、概念及關鍵問題、教過的過程與技巧、評量工具（三項都必須完整的記錄）。

　　2. 期初審查（the first read—through）：教師於期初審閱自己，還有其他班級老師的教學資料。

3. 小組的討論：將教師編組，以搜集更多不同的意見。

4. 大型會議：全部教師齊聚討論並發現問題。

5. 修正立即可改善的項目：立即可修正的馬上採取行動。

6. 長期修正與努力的課題：需要長時間修正與研究的項目，再進行與不同單位的溝通與協調。

7. 永續進行課程的討論：一個協議是不斷循環研究與永續的檢驗，如此可使課程的發展止於至善。

面對人口的狂瀉與變動不定的世界，墨守成規以及死守信條的國家將會落後，培養創意以及新觀念的國家將一路領先。「心智模式」根深蒂固於我們的心中，且影響我們了解這個世界，以及如何採取行動的許多假設、成見，甚至圖像。

1. 課程地圖的意義──兔子的耳朵很長，但不是什麼都聽得見

本研究將利用到「圖像化」工具做為檢核學校本位課程的實踐成效與評估；課程地圖圖像組織是一種活潑而實用的視覺化工具，它可以是搭配心智圖，以網狀圖、概念圖，或是一個故事圖，在一個圖示中勾勒重要的觀點和資訊，因此這種工具不僅有助於知識的搜集與統整，同時也關照到事物發展與脈絡間的系統性，稱這種圖示法為「工具」或「傳遞者」，實有其符應性的意義。

國科會這 5 年（2000-2005）有關課程與教學的研究主題分析，課程領導與成效評估的研究並不多見，加上研究者這些年來涉獵 Jacobs 的課程地圖，於是擬以一年時間發展此一實施成效評估工具。課程地圖是以月曆方式為基礎的教學地圖。本研究將以學校本位課程經營步驟與任務，經焦點座談勾勒每個發展項目的「關鍵問題」、「內容」、「技能」、「評估」與「資源」，用以對實施校本課程的學校搜集資料、記錄、訪談、分析與審視學校的課程實踐是否掌握學校願景、教育目標與課程的發展。

2. 課程地圖的使用步驟 —— 翱翔在系統動力學的 E 化世界

　　課程地圖的目的在使課程的發展關係脈絡不會在倉促的真空中被決定；沒有上下文的發展和沒有發展的上下文都不是我們的期盼，課程的統整是有關垂直和水平的兩種計畫，不了解兒童過去經驗的前後關係，往往會做出片面的決定。因此 Jacobs 課程地圖 7 個步驟是相當嚴謹，環環相扣缺一不可的。

3. 課程地圖 —— 園所本位課程運作的藍圖

　　課程地圖是學校課程運作的藍圖，它說明了課程運作的情形。運用課程地圖，學校所有教師均能扮演藍圖的編輯角色，同時也運用它去審查課程需要修正與再確認之處。

　　Jacobs 6 個具有執行性的工作任務，讓使用課程地圖的全體教職員創造一個可使用的、有活力的，以及全面的課程藍圖。當檢示課程時，全體教職員透過課程地圖的架構，使他們獲得有關課程的資訊、釐清鴻溝、搜尋出課程重複的地方、發現課程可融合之處、使用能達到學習標準的評量，同時適時地檢核課程。

⑴任務 1：閱讀課程地圖以獲得資訊

　　身為教師若我們不了解學生過去幾年學了什麼，我們如何能建構他們的學習？我們若缺乏對往後年級課程的洞察力，我們如何能為學習者發展課程？閱讀並檢視課程地圖，可以讓我們創造一個資料庫，以備做重要決定時可以使用；對一個老師如此，整個學校校本課程的運作，亦應有一系統可循的管理與評鑑機制。

⑵任務 2：確定課程地圖以便清除鴻溝

　　協助者和管理者不可能也不應該被期待要了解每一個教室的上課情形。期待他們持續並規律的去訪問和觀察每個教室的教師是不切實際的。相反地，我們必須承認課程委員會是沈著的在經營，將每個班級的教師均規劃在此架構之

中。課程地圖可以幫助他們找出垂直間遺漏的部分與水平間的彼此連結，包括：過去、未來與現在。有了這些資料，課程地圖的具體內容、技術和評量均能清楚地被確定；學校本位課程的實踐能否達到目的，也因此有了檢核工具。

(3)任務 3：釐清課程重複的部分

教師通常會認為他們教的功課或觀念是學生第一次學習或接觸的，但事實上，學生從幼稚園到十二年級（高中）的學習課程中，有很多課程單元是重複的，而課程地圖能顯示出課程重複的部分。

最被關注的是重複的評量，我們看到中等學校學生做的報告與他三年級時的很相像，而這種報告是最基本的要求：對於一個主題做摘要和關鍵、資訊的確認。我們曾經看過初等及中等階段的要求都相同；中等學校的學生應該學習發展適當的評量能力，他們應該有一個適當的信念、適當的研究、評論、具獨創性的研究和行動計畫來取代報告，而且是他們未來成人生活將會被問及的事務。

(4)任務 4：確認可融合的部分

將兩個或者更多個課程適當地融合，將能產生有力且持續性的學習體驗。教師們藉由閱讀課程地圖可以融合學科之間的事件，也可以發現科技整合課程（interdisciplinary units）適合的學習方式。教師運用課程地圖發現主題、理論、議題或關鍵問題之間的本質關聯性，擴展和強調學生的學習。

Jacobs 所提出之 6 個層次的課程模式顯示學科的連續性，在選擇程度及本質的融合，可以幫助課程設計者選擇一個最有成效的課程內容呈現類型。當不同教師或團體成員一同閱讀課程地圖時，他們能決定對學習者最好的學習觀點。經由一個方法直接地練習將會是最強而有力的。就如同當教師給予學生完善的練習，其行為將會像一位科學家，而不只是簡單的學習自然科學的技能而已。

(5)任務 5：達到學習標準的評量

我們需要評量學習，透過評量的證據來了解學生是否達到我們所訂定的學

習目標。課程地圖成為一項評估的工具，確定學生是否達到標準的充分依據。學習者因為老師用心改善評量品質，而使學習各個階段受益；課程地圖運用Burner 螺旋式課程因兒童不同的發展階段給於漸進與更複雜的評量，使達到學習者發展與評量類型的相結合。

(6)任務 6：適時檢核

因為知識的持續擴張，每天都有新的科技及創意，課程者必須謹慎地更新他們的課程計畫，使能與時俱進且充滿逃戰與新意。

藉由編輯、刪減和增加課程，學校將會有一種真實合作的感覺，成長代替了停滯不前，運用課程地圖提供我們更精鍊課程的機會，使課程更加深入。即使是簡單的教學單元活動，透過不可或缺的關鍵問題，我們將可以闡示教學主題的焦點及目標。

教師從一個教室的「權威者」，搖身而變成隨時要與他人互動討論的「分享者」不是一件容易的事。陌生與恐慌是必然的事實，「學習社群」（community of learning）的建立可以幫助教師免於「孤獨」的掙扎與焦慮；同樣地，父母從原來只注重孩子的分數結果到參與孩子學習歷程，不習慣與牢騷不滿是可以想見的。社群感（sense of commmunity）主要塑造一種支持性的文化（Cohn & Kottkamp, 1993），讓教師清楚地知道教育改革是在協助教師專業發展與尋回喪失已久的「武功」；這種社群感同時也可以讓家長體認自己是學校教育的夥伴，因而主動自發地參與這一波教育改革的行動。

「學習社群」的組織建立需要時間，「課程地圖」及其 E 化的運用想來也是費時費力，然而系統是值得建構的，一年的時間如何經由協議式學習（negotiated learning）、規劃（design）、對談（discourse），以及記錄（documentation）幼稚園課程的建構與實踐。雖然限制仍多，但是現況的檢視與省思，或許可以彌補近 5 年來「課程與教學」專案計畫中，「實踐歷程與成效評估」研究總是「缺席」的一點遺憾。

三、研究架構

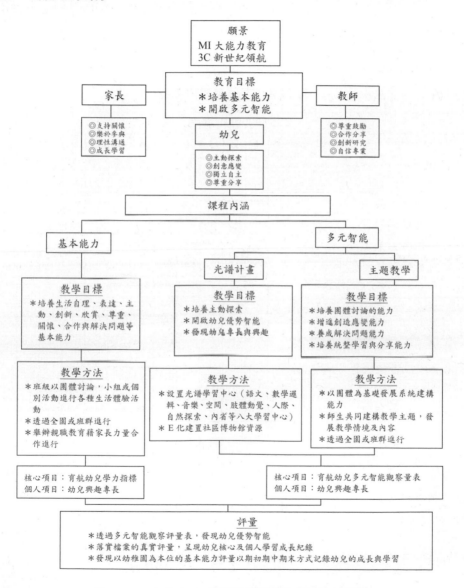

表 11.1　臺北市立育航幼稚園課程發展架構圖

四、研究步驟與進度

本計畫研究步驟——（如表 11.2）

表 11.2　本計畫研究進度

本研究執行進度 工作內容＼月份	1月	2月	3月	4月	5月	6月	7月	8月	9月	10月	11月	12月
凝聚行動研究共識	▬											
檢視研究場域的 SWOTS 分析	▬	▬	▬									
形塑幼稚園願景（vision）			▬									
擬定園本位課程發展步驟				▬	▬							
教師專業行動能力工作坊				▬	▬	▬						
多元智能、心智圖法、課程地圖專書閱讀與對話					▬	▬	▬					
焦點座談及反思							▬					
E 化管理：資訊研習					▬	▬	▬	▬				
親師生訪談記錄								▬	▬			
專家駐園參與課程						▬	▬	▬	▬			
錄音、錄影及剪輯									▬	▬		
網頁製作及維護										▬	▬	
整體評估與檢討											▬	▬
撰寫報告與發表												▬

執行期間：2005 年 1 月 1 日至 2005 年 12 月 30 日止

(一)預備階段（暖身）——凝聚共識—提出計畫

　　1.擬定此行動研究計畫時，全園即與教授、資訊師討論互動多次；澄清

「園所本位課程」定義以及介紹心智圖法和課程圖法在課程發展與檢核上的運用。

2. 探討育航幼稚園的發展史。

3. 分析幼稚園 SWOT 到願景的形塑，以及課程架構（草案）完成。

(二)展開階段──教師專業行動能力研習與工作坊

1. 幼稚園本位課程發展與教育革新。

2. 課程本土化的指標討論與建構。

3. 心智圖法 E 化工具的學習與應用。

4. 心智圖法與課程圖法閱讀專書、國外教學影片賞析與評論。

5. MI 專書閱讀與探究→化諸行動能力→project spectrum 的校園情境布置與探索活動設計。

6. 專家駐園及參與活動。

7. 專題演講（研習工作坊）→座談→對話→反思→協議式學習。

8. 親師生深度訪談與省思再出發。

(三)整體評估階段── 尋找「標竿幼稚園」

標竿學習濫觴於企業的品質管理，代表一種比較研究的過程（林嘉玲，1995：103），是希望從組織外部學習改進之道（Andersen & Pettersen, 1996: 4）。

Michael J. Spendolini 認為標竿學習的定義有 9 個要項：為了進行組織改善(1)針對一些被認定為(2)最佳作業典範(3)的組織(4)以持續的(5)與系統化(6)流程(7)，評估(8)其產品、服務與工作流程(9)研究者針對以上要素選擇或修正合於自身的需求內涵與完成步驟。

基於以上「標竿」特質，標竿學習的核心概念有二（呂錦珍，1996）：

1. 標竿學習是一個流程

標竿學習的關鍵在於訂出某些企業功能（例如生產、工程、行銷、財務等）的共通衡量標準，再找出在這些特定企業功能上卓然有成的領導者或創新者，和自己的做法做一比較。

2. 流程是標竿學習的重點

傳統的競爭商情搜集，幾乎完全是強調結果或成品的優劣評比，但是，僅有優異的產品或服務，並不足以讓一個組織成為值得研究調查的對象，卓越的流程才是主要考慮因素，為了解流程必須和一個組織建立密切的關係，不能只從外表檢視一項產品或服務。

洪世昌（2001：2）認為標竿學習是一種評量與改善作業流程的全面品質管理（TQM）工具。

Spendolini 試圖建立一個 5 階段的標竿學習通用模式，可以由任何類型的組織，應用在任何標竿學習專案上，稱為「標竿學習通用模型」（如圖 11.3）。

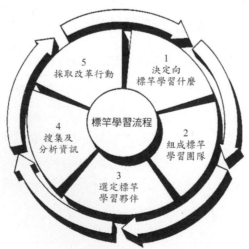

圖 11.3　標竿學習的 5 階段流程

環型模式表示標竿學習的資訊必須定期重新評估，因為做為標竿領域的產品或流程都是動態的發展歷程（呂錦珍，1996）。

　　Saul Zenith 在 1997 年奧斯卡終身成就獎致詞中指出：尋找「聖盃」的意義，在尋找的歷程。幼稚園的外部評鑑是提升優質幼兒教育的手段，而自我評鑑持續與系統化的流程建構，藉標竿典範的學習，不斷評估與修正「自動轉」的運作系統，幼稚園的經營才算找到那口源源不絕的生命「湧泉」。

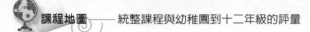

第十二章

研究歷程——破繭而出

育航是一所歷史悠久的幼稚園,育航的轉型就如同蝴蝶成長的歷程。我們
就像毛毛蟲歷經蛻變、破繭而出、展翅翱翔等三個歷程才能變成蝴蝶一
般,因此,我們透過不斷的磨合與對談,深深的感受到凝聚全園共識的迫切,
亦發覺課程發展的困境,進而觸動我們蛻變的勇氣與決心,積極型塑本園願景
與課程特色。

一、蛻變的開始

㈠昨日的育航

　　育航幼稚園（如圖 12.1）成立於 1952 年,原為空軍婦聯分會附設私立育航
幼稚園,具有 53 年悠久歷史。1997 年改制為公立,在首任園長毛穎芝女士用
心經營,及全體教職員工努力下,曾榮獲臺北市 90 年度及 91 年度幼稚園評鑑

圖 12.1　育航園景

績優。

　　每隻蝴蝶都是歷經毛毛蟲、結繭、羽化，才能蛻變成美麗的蝴蝶，育航幼稚園的轉型也是。育航幼稚園歷經私立改制公立的組織變動及大單元、角落、主題等教學模式改變，2003 年毛園長穎芝榮退，許明珠園長接任，更以多元智能融入主題教學中，讓幼兒信心十足地翱翔在多元智能世界，邁向成功的人生舞臺。

㈡今日的育航

　　我們有夢、有願景、更有實踐的腳步。

　　就育航創園精神、園史、沿革及社區環境特色，建構出「MI 大能力教育，3C 新世紀領航」為本園願景，期盼教師們以愛心、耐心及專業知能，引領幼兒進入學習的殿堂。

　　「天生我材必有用」，Gardner博士指出人的智能是多元的，人類擁有語文、邏輯─數學、空間、肢體─動覺、音樂、人際、內省以及自然觀察等 8 大智能。我們將多元智能理論融入主題教學課程中，並設置光譜學習中心提供幼兒自由探索、建構的學習情境。

　　園裡尊重、欣賞幼兒獨一無二的不同，依幼兒個別差異及興趣安排適性教學，發掘並引領每位幼兒優勢智能，讓幼兒利用優勢智能遷移弱勢智能的學習，展現個人的創意，培養幼兒主動探索（如圖 12.2）、獨立自主、創意應變、尊重分享的能力，以奠定未來成就的大能力。

圖 12.2　校園探索

　　生活處處是學習，本園透過各種活動及體驗，教給幼兒帶得走的能力，讓幼兒將知識內化後應用於生活中，幫助幼兒奠定未來成就的大能力。

　　成功的教育是需要學校、社會、家庭三方面共同努力配合的，善用家長資源、社區資源並與社區共享資源。家長支持關懷幼兒，與本園密切互動、理性

溝通，樂於參與園內各項活動及親職教育成長學習活動，期盼家園同心讓幼兒在充滿創意、自信、關懷及溫馨的環境中，快樂學習、健康成長。

(三)滿載憧憬的未來育航

期盼家園同心實現「MI 大能力教育，3C 新世紀領航」的願景目標。

二、破繭而出

(一)育航的願景

本園改制 8 年來，在硬體上運用原有地形地貌，建構小巧溫馨的學習校園，並充實各項設備，以追求卓越、精緻的信念，來達成幼教理想。教師們尊重鼓勵幼兒，樂於合作分享，不斷殷勤進修，創新研究，展現專業的自信。發掘並引領每位幼兒智慧的發展，經由喚醒幼兒沉睡的潛能，以多元方式擴展幼兒解決問題的能力。尊重、欣賞幼兒獨一無二的不同，依幼兒的個別差異及興趣安排適性、多元活潑的學習及教材，開啟幼兒多元智能，提供機會讓幼兒利用優勢智能遷移弱勢智能。關懷每位幼兒，讓其在充滿愛與關懷環境中，依自己的步調愉悅的學習，步上適性的教育之道，將每位幼兒帶上成功的人生舞臺。

我們的願景圖案，採用空軍「飛鷹翱翔藍天」的意涵而設計（圖 12.3），其內涵說明如下：

1.自信的教師——尊重鼓勵、合作分享、創新研究、自信專業

育航的師資特色是資深及資淺的教師各佔一部分，資深的老師，教學經驗、人生閱歷豐富；資淺的老師，有活力，有創意，兩種類型的教師，各有專才，相輔相成，是最佳的團隊組合（圖 12.4）。因此，我們期許育航的教師們能尊重鼓勵幼兒，樂於合作分享，不斷殷勤進修，創新研究，展現專業的自信，

圖 12.3　臺北市立育航幼稚園願景圖

圖 12.4　育航教職員工合照

關懷每位幼兒，讓其在充滿愛與關懷環境中，依自己的步調愉悅的學習。

2.關懷的家長——支持關懷、理性溝通、樂於參與、成長學習

　　成功的教育是需要學校、社會、家庭三方面共同努力配合的，我們期許育航的家長們能關懷幼兒，與本園密切互動、理性溝通，樂於參與園內各項活動及親職教育成長學習活動。家園同心，讓幼兒在充滿創意、自信、關懷，溫馨的環境中，快樂學習、健康成長。

3.創意的幼兒——獨立自主、主動探索、創意應變、尊重分享

　　期盼能尊重、欣賞幼兒獨一無二的不同，依幼兒的個別差異及興趣安排適性的教育，發掘並引領每位幼兒優勢智能，讓幼兒利用優勢智能遷移弱勢智能的學習，展現個人的創意及優勢智能，以期培養主動探索、獨立自主、創意應變、尊重分享能力的幼兒，以奠定未來成就的大能力，航向成功的人生舞臺。

圖 12.5　小小警察局

圖 12.6 創意幼兒——小紙盒變變變

(二)育航的課程架構

全體教師根據願景與幼稚園整體課程規劃,發展屬於育航幼稚園的本位課程內涵,並藉由評鑑的回饋機制不斷修正課程發展方向。我們將多元智能理論融入主題教學課程、設置光譜學習中心,提供幼兒自由探索的環境及適性學習活動,發掘幼兒優勢智能、提升弱勢智能,培養幼兒主動探索、獨立自主、創意應變、尊重分享的基本能力,奠定未來發展成就的大能力。

1. 願景指標 (表 12.1)

依據願景「MI 大能力教育,3C 新世紀領航」,我們以愛心、耐心及專業的知能,依幼兒的發展需求、興趣及能力,引領幼兒進入學習的殿堂。

表 12.1　臺北市立育航幼稚園（Yuhang）願景指標

指標名稱	指標操作型定義
YV1 獨立自主	YV1-1 能表現自我的優勢智能
	YV1-2 會生活自理
YV2 主動探索	YV2-1 能主動探索校園環境
	YV2-2 能在光譜學習中心發現自己的興趣
YV3 創意應變	YV3-1 能參與各種創作活動
	YV3-2 遇到問題會尋求解決方法
YV4 尊重分享	YV4-1 能接納別人與自己的不同
	YV4-2 能與他人分享合作

＊育航代號：Y　　願景代號：V

2. 學力指標

依據願景指標、多元智能理論建構幼兒基本能力學力指標，並依照多元智能理論來分類建立。

⑴語文學力指標

語文學力指標的目標主軸：聽、說、讀、寫。

目標主軸	指標名稱	指標操作型定義
聽	1. 能分辨口語的意義	1-1 能聽懂別人用口語敘述的意義 1-2 會依口語指示進行活動
	2. 聆聽的態度	2-1 喜歡聆聽故事 2-2 聽完故事會有表情動作或語言的表達
說	1. 以語言表達說明	1-1 會運用正確的語彙描述事件 1-2 可以清楚簡要的發言與發問
	2. 敘述經驗與情節	2-1 會以語言來表達感受 2-2 會用語言來描述經驗
	3. 複述句子	3-1 會複述別人說過的話 3-2 能複述聽過的事或簡短故事
	4. 說話的態度	4-1 會以適當的音量來說話 4-2 會適時表達問候語或禮貌語

（續）

目標主軸	指標名稱	指標操作型定義
讀	1. 喜歡閱讀	1-1 喜愛閱讀圖畫書 1-2 會讀出熟悉的兒歌
	2. 辨識符號	2-1 能看圖說故事 2-2 會辨認生活中常見的符號
	3. 辨識字詞	3-1 會在句子中找出認識的字或詞 3-2 會嘗試用字或造句
寫	1. 模仿寫	1-1 會嘗試臨摹各種圖形或字型 1-2 喜歡拿筆畫圖或寫字

(2)數學學力指標

數學學力指標的目標主軸：數與量、邏輯推理。

目標主軸	指標名稱	指標操作型定義
數與量	1. 數與量的概念	1-1 能數出物體的數與量 1-2 能正確的唱數至 10
	2. 數字的分解與結合	2-1 能運用 10 以內的數量進行分解與結合
	3. 時間與概念	3-1 能說出星期一至星期日的名稱 3-2 能表達出事件發生的前後順序
	4. 錢幣的概念	4-1 能說出錢幣的名稱
	5. 測量方式的運用	5-1 能運用工具進行測量 5-2 能運用各種感官分辨物體量的多少、大小、長短等
邏輯推理	1. 分類與配對	1-1 能指出物體的相同點及相異點 1-2 能依指示進行分類或配對
	2. 序列與規則	2-1 會簡單說出一天的生活作息 2-2 能說出物體排列的順序或規則 2-3 依照物體的屬性加以排列如：大小、長短
	3. 事物關係	3-1 能嘗試說出事件發生過程的前因後果 3-2 能分辨部分與整體的關係

(3)空間學力指標

　　空間學力指標的目標主軸：圖形與空間、環境創意。

目標主軸	指標名稱	指標操作型定義
圖形與空間	1. 空間方位	1-1 能描述幼稚園中遊戲器材及玩具的位置 1-2 能指出空間中物體的位置和其他物體的關係
	2.圖形及圖形的組合	2-1 能利用幾何圖形自由創作 2-2 會指出圓形、正方形、三角形等基本的幾何圖形
環境創意	1. 認識環境	1-1 能說出幼稚園附近明顯目標物 1-2 指出住家附近明顯目標物
	2. 愛護環境	2-1 愛護認識居家附近的環境 2-2 能做到簡單的資源回收、分類、放置
	3. 創意設計	3-1 能使用素材或生活中各種資源進行創作 3-2 能在老師的引導下完成創作工作

(4)肢體動覺學力指標

　　學力指標的目標主軸：健康身體、體能、安全創作。

目標主軸	指標名稱	指標操作型定義
健康身體體能	1. 認識身體	1-1 能說出人體五官名稱與功能 1-2 會分辨男生女生
	2. 喜歡運動	2-1 喜歡參與各項體能活動 2-2 能跟著節拍表現身體的動作
安全創作	1. 運動安全	1-1 會注意活動中的安全 1-2 能遵守運動規則
	2. 肢體藝術創作	2-1 會留意生活環境中人物肢體動作的創作變化 2-2 喜歡參與肢體活動表演

⑸人際學力指標

　　學力指標的目標主軸：欣賞互動、遊戲規範。

目標主軸	指標名稱	指標操作型定義
欣賞互動	1. 欣賞分享	1-1 能專注傾聽欣賞他人作品 1-2 會主動參與活動並遵守基本禮貌
	2. 社交互動	2-1 能大方與他人分享交流 2-2 能與他人分工合作完成一件事情
遊戲規範	1. 遊戲規則	1-1 會說出團體的遊戲規則 1-2 願意遵守團體活動遊戲規則
	2. 團體中的規範	2-1 會說出班級所制定的規則並遵守 2-2 會說出幼稚園裡的規則並遵守

⑹音樂學力指標

　　學力指標的目標主軸：音樂環境、音樂創作與探索、欣賞與表達。

目標主軸	指標名稱	指標操作型定義
音樂環境	1. 音樂與生活環境	1-1 能分辨聲音的高低、快慢與強弱 1-2 能分辨生活環境中所發出的聲音
	2. 音樂表演	2-1 喜歡參加音樂藝術表演活動 2-2 能分辨常見表演節目的特色
音樂創作與探索	1. 好奇探索	1-1 嘗試運用各種樂器進行有關創作活動 1-2 主動探索各種樂器敲打的方法
	2. 音樂表現	2-1 能透過唱歌、身體、樂器和器物的聲音來表現音樂的音色 2-2 能在老師的引導下完成音樂演奏創作
欣賞與表達	1. 音樂欣賞	1-1 能快樂、專注的欣賞活動 1-2 能遵守參與各種表演活動的秩序和基本禮貌
	2. 分享體驗	2-1 會隨著音樂哼唱或展現肢體活動 2-2 會表達自己的感受和想法

(7)內省學力指標

學力指標的目標主軸：自我、群己關係。

目標主軸	指標名稱	指標操作型定義
自我	1. 自我的約束	1-1 會說出自己的興趣喜好 1-2 能表達自己的心情感受
	2. 自尊與自信	2-1 願意試著去接觸環境中的新事物 2-2 有完成工作的滿足感
	3. 自我責任感	3-1 在日常生活中懂得簡單的自我照顧 3-2 願意執行團體所分配到的工作任務
群己關係	1. 關懷與尊重	1-1 能察覺他人的情緒 1-2 願意尊重、關心、幫助別人

(8)自然觀察學力指標

學力指標的目標主軸：觀察技能、科學現象、科學的態度。

目標主軸	指標名稱	指標操作型定義
觀察技能	1. 觀察力	1-1 使用一個或多個感官觀察自然科學現象 1-2 會注意到自然環境中人事物的改變
	2. 比較	2-1 會嘗試比較自然環境中各種材料的異同 2-2 會嘗試比較自然環境中各種現象的異同
	3. 操作簡易的科學活動	3-1 能依照指示進行簡單的科學活動 3-2 能運用圖畫或各種方式記錄觀察結果
科學現象	1. 物體的特徵	1-1 能舉例物體的形狀、大小、顏色或輕重等外觀特徵 1-2 能察覺物體運動的現象
	2. 常見的動植物	2-1 能說出動物及植物的外型特徵 2-2 能說出常見的動植物的習性
	3. 環境的特徵	3-1 能指出天氣的變化 3-2 能區辨沙、土、石頭、水的差異

（續）

目標主軸	指標名稱	指標操作型定義
科學 的態度	1. 表現好奇心	1-1 喜歡觀察、主動探索自然環境 1-2 經常詢問與其觀察所得的相關問題
	2. 喜歡探討	2-1 主動觀察自然科學現象 2-2 表現操作器材、材料的興趣
	3. 勇於嘗試	3-1 願意參與各項自然科學活動 3-2 願意接受各項活動的結果
	4. 樂於接近大自然	4-1 會愛護保護動植物 4-2 能珍惜自然環境資源

參考盧美貴教授：幼兒教育課程發展理論與實務（學富出版社）；
　　　　　　我國五歲幼兒基本能力學力指標（教育部專案）

3. 課程內涵

　　課程內涵以基本能力、多元智能（光譜學習中心）及主題教學三主軸發展。

(1)基本能力

　　基本能力的教學目標為培養生活自理、表達、主動、創新、欣賞、尊重、關懷、合作與解決問題的能力。教學方法主要是以團體討論、小組或個別活動進行各種生活體驗活動，透過全園或班群進行，並舉辦各項親職教育活動，期望藉由家長的力量合作進行。

(2)多元智能——光譜學習中心

　　多元智能的教學目標為培養主動探索、開啟幼兒優勢智能、發現幼兒專長與興趣。主要的教學方法為設置光譜學習中心（如圖 12.7），E化建置社區博物館資源。光譜學習中心的實施，提供課程的多元切入點，強調課程內容和幼兒的優勢智能。配合班級主題教學，以多元智能理論為主，全園設置 8 大學習中心，每週固定時間由幼兒依自己的興趣選擇中心，提供幼兒更為寬廣的學習領域、喚醒、認同與支持幼兒的優勢智能，利用幼兒的優勢智能遷移弱勢智能。

圖 12.7　學習中心活動

- 人際學習中心：培養耐心聆聽與尊重他人說話的態度，增進與人互動的
  機會，遵守遊戲規則，培養合作態度；設置娃娃家、偶臺、道具製作
  區、烹飪區、童玩遊戲區、沙坑區。

- 內省學習中心：培養充分自信心及獨特見解，激發自動體驗各種不同情
  緒的能力，培養尊重、關懷之情操；秘密小屋、舞臺、分享區。

- 自然觀察學習中心：促進敏銳的覺察力、激發好奇心的潛能、建立研究科學的態度、培養關懷生命的情操；運用校園社區及生活環境中自然的資源、校園規劃成種植區、觀察區、飼養區。

- 空間學習中心：培養幼兒視覺藝術能力、增進幼兒建構能力、啟發幼兒的創意設計；建構區——使用海綿、木頭、玩具、動物、交通工具等模型創意建構；機械拆組區——提供收音機、鬧鐘、電器等物品讓幼兒練習；視覺藝術區——提供美術顏料物品、工作材料、資源回收創意造型組合，利用黏土、陶土、油土等捏陶、彩繪。

- 肢體動覺學習中心：培養幼兒肢體動作協調、培養幼兒創作能力、鼓勵幼兒參與各項活動；操作區、肢體動作區、扮演區、三樓活動室。

- 音樂學習中心：喜歡參與音樂遊戲、能分辨音的高低、快慢、強弱及長短，訓練幼兒做雙向的肢體運動，能依照指示配合音樂的旋律擺動身體；張貼樂器圖片，樂器擺放位置依圖示歸位，播放清柔音樂，營造快樂學習氣氛、張貼借用樂器規則、設計小小舞臺。

- 語文學習中心：培養幼兒聽說讀寫的能力、增進幼兒語文能力、啟發想像力和創作力、學習尊重同儕的態度；營造溫馨、開放、輕鬆自在的閱讀氣氛；播放輕柔音樂、可以相互分享的閱讀區、視聽區、表演區、塗鴉區、布置舒適的語文環境。

- 數學邏輯學習中心：認識數量的概念、尋求解決問題的能力、助長推理邏輯思考的能力；數量配對區、實物教具分類歸納區、益智區（跳棋、象棋、撲克牌、五子棋、釘板、時鐘、形狀賓果、七巧板）。

學習中心的觀察紀錄與評量如表 12.2。

表 12.2　學習中心觀察紀錄與評量

臺北市立育航幼稚園幼兒多元智能觀察表——人際學習中心

班別：　　　　　　　　　　　　　幼兒姓名：

評量日期：

智能向度	規準	觀察項目	評量選項			
人際智能	分享協助	1.當別人分享時能安靜聆聽，再適度表達	0	1	2	3
		2.時常與他人分享自己的感受、想法及物品	0	1	2	3
		3.會主動幫助他人	0	1	2	3
	社交能力（情感、溝通、互動、領導）	4.會說出自己的興趣喜好	0	1	2	3
		5.會尊重別人的作品及看法	0	1	2	3
		6.會用正面的言語、肢體，去讚美別人的成就、作品及看法	0	1	2	3
		7.會說出小組工作的合作情形	0	1	2	3
		8.面對衝突時能嘗試思考解決的方法	0	1	2	3
		9.喜歡當小老師帶領他人遊戲或工作	0	1	2	3
		10.喜歡參與團體活動及討論	0	1	2	3
		11.能快樂的和別人分工合作	0	1	2	3
		12.在團體中會等待、輪流，遵守團體的規則	0	1	2	3
	活動紀錄					

學習中心教師簽名：

表 12.2 學習中心觀察紀錄與評量（續上表）

臺北市立育航幼稚園幼兒多元智能觀察表——內省學習中心

班別：　　　　　　　　　　　　幼兒姓名：

評量日期：

智能向度	規準	觀察項目	評量選項			
內省智能	自我約定	1.能獨自完成一件工作	0	1	2	3
		2.能適切地表達自己的感受和想法	0	1	2	3
		3.能專心的工作不受週遭環境的影響	0	1	2	3
		4.喜歡獨處工作而不喜歡人多的地方	0	1	2	3
		5.能完成交付的工作	0	1	2	3
		6.意志堅強、個性獨立	0	1	2	3
		7.做錯了能勇於認錯	0	1	2	3
		8.在團體中會自我克制	0	1	2	3
		9.行為、態度或工作表現有獨特的風格	0	1	2	3
	認識自己（接受批評）	10.能說出自己的優缺點	0	1	2	3
		11.能依自己的興趣選擇學習活動	0	1	2	3
		12.能接受他人對自己的批評	0	1	2	3
活動紀錄						

學習中心教師簽名：

⑶**主題教學**

　　主題教學之目標在培養團體討論、增進創意應變、養成解決問題、培養統整學習與分享的能力，教學方法是以團體討論為基礎發展系統建構能力，師生共同建構教學主題發展教學情境及內容，茲以「花園裡的足跡」為例說明如下：

①緣起

寒假過後，小朋友帶著愉悅的心情回到學校，彼此分享假日生活趣事，在園裡嬉戲、追趕跑跳碰，才是他們最快樂的事，只是春雨綿綿，小朋友倚靠在欄杆，看到的是一叢叢的花圃及佇立雨中的亭子，老師問：「為什麼是這樣呢？」幼兒：「地球破了一個大洞。」幼兒：「像《明天過後》的電影，很像。」幼兒：「像春天，媽媽告訴我的。」幼兒：「樹上也有花，因為春天才會開花。」花園裡百花盛開，蝴蝶蜜蜂飛舞在花叢裡，徐徐的春風迎面拂來，溫和的陽光照耀大地，幼兒們在大樹下欣賞有如天籟般的鳥叫聲，在花草叢中玩躲貓貓，探尋花草的秘密，在春意盎然的校園裡，孩子睜大著眼睛，看著綠油油的嫩葉，問：「為什麼這棵樹的葉子會這麼大，這是什麼樹呢？」於是，老師們和孩子尋覓花園裡的足跡之旅就展開了。期待孩子藉由細小環境的事、物變化觀察探索而感受到自己整體身心成長，以有自信的踏往下一個學習的目標前進。

②概念網（圖 12.8）

概念網

種子發芽了　　花花草草

大地尋春　　蟲鳴鳥叫

圖 12.8　概念網

③活動網（圖 12.9）

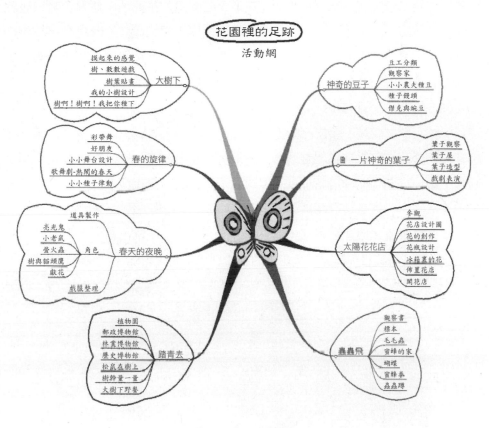

圖 12.9　活動網

　　春天在哪裡？可以做什麼？孩子回答「可以去看花」、「可以去散步」、「春天很熱鬧」、「春天在大樹上」、「春天在花園裡」……一句句道出春天的景緻。

　　踏青去——為了探訪春天的到來，老師們帶著孩子走出校園拜訪了附近的遼寧公園、朱昌公園、復華公園，學校更安排了全園戶外教學活動，前往植物園、林業陳列館、郵政博物館、歷史博物館……等地。在公園裡孩子們開心地

穿梭在新春的嫩葉與綻放花朵的酢漿草中，找尋春天的腳步。看大家學著用酢漿草的老葉子玩拔河、低頭尋找朵在花叢深處的鳳仙花種子、努力玩著一碰就迸開的小遊戲……。孩子更突發奇想，抱抱大樹，聞聞樹皮的味道，走在青綠的草坪中，彎下腰來聞聞花兒的香味，看到鳥兒飛來停在樹枝上吱吱的叫著，坐在樹底下欣賞松鼠跳耀，孩子們相互在花園裡追逐嬉戲，迎接春天的到來。

神奇的豆子（圖 12.10）——孩子們帶來了各式各樣的豆子（紅豆、綠豆、黃豆）讓小朋友認識，並自己動手播種，孩子們每天一到學校，第一件事就是趕緊看看盆內有沒有動靜、澆澆水、拿筆記錄成長狀況，或是對著花花草草唱唱歌、說悄悄話；期待它是「長不停的種子」，有「傑克與仙豆」的神奇；為了「怎麼吃」，更邀請廚藝精湛的金燕阿姨分享「雜糧饅頭」製作方式，過程中孩子們全神貫注地緊盯著每一個小細節，直到成品出爐，孩子們歡喜地四處分送；植物成長的各種實驗，讓孩子們領略到自然界成長的點點滴滴與生命力。

圖 12.10　幼兒仔細照顧栽種的豆子

　　一片神奇的葉子——孩子們對於葉形深感興趣，在校園中找尋與葉形圖卡相同的葉子，進行著分類、配對、數數、比多少與序列遊戲；葉子除了玩分類配對外，還可以種植呢（圖12.11）？石蓮花居然發芽了，這意外的發現讓孩子又驚又喜，此外我們還利用葉子玩遊戲，過葉子障礙、葉子舀水、吹笛子，還有的孩子把葉子拿來撕碎玩扮家家烹煮，孩子們將葉子串成項鍊、頭飾、裙子、帽子等各種造型，表演自創的戲劇「一片神奇的葉子」。

圖 12.11　幼兒專心觀察葉片上的毛毛蟲

　　太陽花花店——藉著參觀花店，孩子們興起「開花店」的念頭，仔細觀察花店的陳設，回到班上，老師不斷的拋問題，開花店要準備什麼？花店的設備要如何陳列？花店要怎樣進行買賣？經過熱烈討論，孩子們就開始動手做，有人摺紙花，有人用布丁盒做花，寶特瓶設計花瓶，大紙箱做冰櫃，花店外面要有小花園，花店內要有櫃檯、收銀機，還要有鈔票、海報、廣告單、招牌；孩

子每天忙的不亦樂乎，將近一個月的時間「太陽花花店」終於完成了；緊接著大家立下了遊戲規則，有當老闆的、當夥計的以及當顧客的，每日學習區探遊時間，「太陽花花店」人氣最旺，孩子們也很享受他們的成果。

　　蟲蟲飛——發現花園中的小瓢蟲，帶出幼兒另一興趣，觀察昆蟲生態，藉「小宇宙」的影片，讓孩子了解動、植物生態的情形；也趁著好天氣，大家至戶外找找昆蟲，校園中的親水池、小木屋、花園，都是我們最好的教材，孩子每天都有新發現，小種子、小蝸牛、小青蛙、小瓢蟲、蝴蝶、蜜蜂、雁子豐富我們的靈感，並做了會動的蝴蝶玩具、昆蟲的拼圖，也玩了蟲蟲蹲的遊戲，讓這個活動顯得活潑有趣。也利用廢物創作各式昆蟲、蝴蝶、蜜蜂，大家開始動腦如何提供蝴蝶、蜜蜂要住的地方，在大夥的合作之下，不只校園中春意盎然，教室也是蟲鳴鳥叫的美麗花園。

　　大樹下——校園中的桃樹茂密，警衛叔叔乘著春風修剪樹枝，孩子們看到滿地的樹葉與樹枝，興奮不已地帶回教室，只見每個孩子打開紙張，將揀回來的花朵、樹枝、葉片、果子分類，組合成娃娃、蝴蝶、螞蟻等美麗的圖畫。孩子們利用報紙揉搓成樹枝，也分頭忙著剪花草、摺蝴蝶昆蟲，還製作一群小孩在爬山，終於在教室裡有了春天的景象。

　　春天的夜晚——在春天的景象中，孩子的童言童語也開始了，藉著繪本《亮晶晶妖怪》，孩子以看圖說故事的方式，完成了準備開演的劇本，順著孩子的興趣，我們以圖畫、戲劇遊戲、音樂遊戲（圖12.12）……等方式，一次又一次地加深幼兒對故事的印象。接著，我們嘗試將幼兒分成了戲劇與音樂兩組，嘗試自己完成準備工作：戲劇組的要做自己的造型、音樂組的要練習跟著故事情境搭配樂器，同時也要合力去完成教室的舞臺佈景，還要兩組一起排演對戲，我們在短短的三週中，觀察幼兒們的學習狀況，並經過不斷的修正與調整，在有限的時間內，完成劇作「春天的夜晚」。

圖 12.12　戲劇活動——春天的夜晚

　　春的旋律——「花，美麗的花；蝶，美麗的蝶……」孩子們以律動的方式來詮釋「紋白蝶的一生」，隨著不同的階段模仿蝴蝶蛻變；也隨《蟲蟲總動員》輕快的旋律，以自己的手、腳、屁股等身體部位，表現昆蟲各種特徵的歌舞秀；看著孩子在音樂遊戲中，手舞足蹈地呈現熱鬧的春天；在孩子童稚的歌聲中，譜出「春的旋律」（圖 12.13）。

圖 12.13　音樂遊戲——春的旋律

④活動評量

本園實施幼兒學習評量：由「確定評量目標」、「搜集有關資料」、「描述與分析資料」、「形成價值判斷」至「做成決定」等步驟，來傳達、詮釋每位幼兒的學習歷程。

彙集幼兒的作品，是展現幼兒學習的進步、技巧發展與身心成長，並提供長期檢視學習進展的有效評量策略，為有效的搜集作品及選擇作品，設計有搜集清單引領搜集項目均衡性，並於期末藉由回顧作品集撰寫綜合報告，呈現幼兒獨一無二的特質，並與幼兒及家長分享，依照教學主題目標設計評量項目，運用 E 化評量系統將質化轉換成量化曲線圖。

我們為落實教學與評量之適性化，故依據幼兒身心發展、學習成果的動態歷程，隨時調整教學內涵與評量難度或方式，以引領幼兒適性發展。將「教學」與「評量」充分的聯結在一起。

幼兒學習歷程中，我們搜集有平面作品（圖畫）、學習單、觀察紀錄（圖 12.14～圖 12.17）、立體作品、扮演過程、軼事紀錄（搭配照片）及錄音等，為作品做註解以增加它的意義；其中分核心及個人項目：核心項目——依據教學目標事先規劃的，是依對幼兒的期望而設計活動，讓幼兒有展現期望的機會，並反映教師的教學情況與教室活動，更展現幼兒的學習與進步，在搜集及選擇作品中涵蓋使用符號來表達想法的核心項目，如以數字、圖示、次數表達，更有配合圖片或照片。個人項目——展現幼兒個別獨特的興趣才能、學習方式及重要成就。

臺北市立育航幼稚園葡萄班幼兒相片作品記錄表

姓名：湯○○　　　　　　　　　　　　日期：94.04

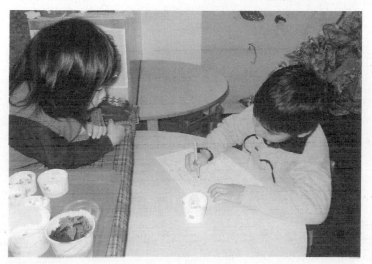

紀錄：○○對於自己種植的豆子，每天除了澆水並會用筆將看到的

　　　畫出來，並且高興的說：〔我的豆子又長大了，而且在發芽。〕

領域	核心項目 1	核心項目 2	個人項目
語文	☐	☐	☐
數學邏輯	☐	☑	☐
音樂	☐	☐	☐
肢體動覺	☐	☐	☐
空間	☐	☐	☐
人際	☐	☐	☐
內省	☐	☐	☐
自然觀察	☑	☐	☐

班級老師：張瑞玲　李榛　　　　　　　　家長簽名：

圖 12.14　觀察記錄表(1)

臺北市立育航幼稚園　九十三學年度　　主題活動觀察紀錄表
　　　　　　　　　　第 二 學 期

班別：白兔班

姓名：○○	主題：春天	領域項目	☑語文 □音樂 ☑自然 ☑內省 □數學邏輯 ☑空間 □人際 ☑肢體動覺	日期：94 年 3 月

□個人項目　☑核心項目
☑自動自發　☑新的行為　□典型行為　☑老師從旁鼓勵

紀錄：（多元智能觀察評量內容）
參觀公園後，利用色紙剪出樹葉形狀，蠟筆畫出樹幹及觸感，再用水彩繪畫。
會獨自完成工作，用語言表達出完成作品的內容與主題。

圖 12.15　觀察記錄表⑵

臺北市立育航幼稚園 九十三學年度 第 二 學 期 蘋果班活動觀察紀錄表

主題	元宵樂 & 春天	姓名	劉○○	日期	94年2、3月份

*空間、語文、自然觀察、數學邏輯智能：

　　○○運用指印畫，自製大張卡片送給日本來的客人，這創作也吸引人喔！

　　在自然觀察學習中心○○觀察細微並會畫出畫毛毛蟲螞蟻還有蝴蝶。

　　會正確的寫1-10的數字同時會協助其它小朋友書寫日期、星期。

*人際、內省智能：戶外喜歡玩酢漿草的遊戲，活動中會示範遊戲規則並主動協助老師和小朋友。

*肢體動覺、音樂智能：○○在搖元宵和搓湯圓活動中動作俐落。在肢體動覺學習中心活動時

　　○○分享：我在葡萄班做蝴蝶毛毛蟲還有結成蛹。喜歡參與律動，並會隨著音樂做動作。

02/23 為魚挖個安身地方

03/07 逛寧公園

02/25 搓彩色湯圓慶元宵

03/19 DIY 種子做饅頭

3/21 指印畫

03/27 參加建國花市植栽DIY活動

○○的分享：

*02/23 △△出題葉子上的珍珠想拿拿不到猜一種自然界的產物，○○猜出答案：水滴(水珠)。

*02/24 老師問：為什麼知道春天已經到了？○○：小蟲都出來找食物

*03/21 ○○分享指印畫：有一個春天有兩隻毛毛蟲，還有一隻小鳥也有鳥巢。

教師：劉麗毓、何嘉盈　　　　　　　　　　　　　　　　　　　　1-2.1

圖 12.16　觀察記錄表(3)

臺北市立育航幼稚園 九十三學年度 第 二 學 期 蘋果班活動觀察紀錄表

主題	元宵樂 & 春天	姓名	陳○○	日期	94 年 2、3 月份

*語文、空間、自然觀察、數學邏輯智能：

○○：我和△△搖元宵的時候有兩隻蝴蝶飛進來。另在猜謎遊戲中題
目是：皮輕輕骨輕輕心裡冒火身體透明猜一種，○○很快的猜出：天
燈(燈籠)

○○運用指印畫，自製大張卡片送給日本來的客人，這創作也吸引人！
會正確的寫 1-10 的數字同時會協助其它小朋友書寫日期、星期。

*人際、內省智能：戶外喜歡玩酢漿草的遊戲，在活動中會示範遊戲規則
並主動協助老師和小朋友。

*肢體動覺、音樂智能：○○在搖元宵和搖湯圓活動中動作俐落。參與滑溜布滾球的遊戲中會
運用肢體順利的將球移送到目的地，○○喜歡參與小豆子蟲蟲總動員的律動，並會隨著音
樂做動作。

02/23 搖元宵

02/25 搓彩色湯圓慶元宵

2/21 滾球遊戲

3/01 人形彩繪

03/30 縫工

○○的分享：

*02/23 猜謎遊戲中：皮輕輕骨輕輕心裡冒火身體透明猜一種，○○：天燈(燈籠)

*03/08-3/10 在人際學習中心─○○：做很多東西有紙、吸管做手鍊，可以玩布袋戲很多人一起玩，
手鍊做好了就要演戲，演公主與小動物。

*3/21 ○○：春天到了，蝴蝶小鳥飛出來，蜜蜂從樹上飛出來，有一隻小鳥在數上看風景。

教師：劉麗毓、何嘉盈　　　　　　　　　　　　　　　　　　　2-2.1

圖 12.17　觀察記錄表(4)

⑤課程地圖

　　課程地圖改變資訊的流動和提供方式，發展以幼兒為中心的課程。藉由月曆式課程地圖的檢視，分析與主題具有直接關係的概念和內容、分析執行任務所必需的技能、幫助園所確定特定領域所需的技能和概念、確定執行任務所需的策略、設立標竿任務、將任務納入課程地圖、回顧結果，以掌握每位幼兒的成長。

　　教師成功的專業發展奠定在幼兒達成表現目標，透過課程地圖（如表12.3），連結教師與幼兒的成長。園所教師能接近並了解其他每一位教師的教學，系統的分享發現和成功成長的經驗，促進教師與教師的成長。教師藉由電子化的課程地圖，將龐雜的資料轉化成現代化、系統化的知識。

⑥主題教學省思——春天

　　在忙忙碌碌、拈花惹草下，全園師生經過不斷的激盪後，育航的花園裡充滿了我們探訪春天的足跡，十個班湧現十種不同春天的風貌，也因全園每週三天進行「光譜學習中心」的交流活動，孩子們有機會穿梭其中，或許也擦出許多意想不到的火花。

　　在主題教學的模式下，我們融入多元智能的理論，所以嘗試推動每週三天的「光譜學習中心」，在全園混班學習的方式下，老師各自負責不同的學習中心，舉凡空間規劃、環境布置、添購教具教材，更重要的理論基礎，都需在短時間摸索、熟稔，而每每迎接不甚熟悉的孩子，更是一大挑戰；在這樣的情景下，班級進行的主題活動，就會因時間的切割，略顯失色，也許「春天」這個主題，若有更充裕的時間，或是修正光譜學習中心的方向、時間……等，應該可以更精彩的探討與呈現吧！

　　幸因隔週三教學會議，在園長的帶領下，老師們深入地討論與省思，將「光譜學習中心」更改為每週一天，班級的主題活動才能在充裕的時間中，孕育出這一步步美麗的足跡。

　　啟發孩子的多元智能，老師在檢視自己的教學時，就需檢視是否涉略八大

表12.3 臺北市立育航幼稚園課程地圖 主題名稱「花園裡的足跡」

課程內容 ＼ 活動時間	白兔班	河馬班	企鵝班	草莓班	葡萄班	蘋果班	星星班	月亮班	大陽班	海豚班
活動時間	3/01-3/4 4/15-3/30	3/01-3/4 4/15-4/30	3/01-3/4 4/15-4/30	3/01-3/4 4/15-4/30	3/01-3/4 4/15-4/30	3/01-3/4 4/15-4/30	3/01-3/4 4/15-4/30	3/01-3/4 4/15-4/30	3/01-3/4 4/15-4/30	3/01-3/4 4/15-4/30
主題名稱	花園裡的足跡 ——春天	花園裡的足跡 ——春天	花園裡的足跡 ——春天樂園	花園裡的足跡 ——一片神奇葉子	花園裡的足跡 ——美麗春天	花園裡的足跡 ——春天	花園裡的足跡 ——春天來了	花園裡的足跡 ——春暖花開	花園裡的足跡 ——拜訪春天	花園裡的足跡 ——春天
音樂學習中心	歌曲 節奏樂 卡拉ok 演奏樂	律動 歌曲 節奏樂	律動 歌曲 節奏樂	葉子吹奏 嵌樂器 森林裡的音樂：鈴 鼓、手搖鈴 戲劇配樂 戲劇活動	認識樂器 樂器操作 歌曲律動	肢體動覺律動 肢體節奏遊戲 唱遊	兒歌 認識樂器 合奏	歌曲 唐詩吟唱 彩帶舞表演	音樂賞析 歌曲 身體樂器 打節拍 樂器合奏	
空間學習中心	佈置桃花源 春天禮物 大樹 昆蟲	彩繪天燈 搭建花園 立體創作 葉子花造鐵	工作 彩繪天燈 樹葉畫 彩繪玻璃	葉子門簾 樹葉合作貼畫 葉子手作創意 葉子拼貼 葉子拓印 教室情境佈置變化 森林舞台規劃	教室佈置 製作遊具 製作道具 積木創作 舞台佈置	插花遊戲	製作花燈 形狀變化 黏土工 剪紙工 水彩畫 造形設計	製作花燈 彩繪天燈 立體創作 素描畫 拓印畫	合作畫 彩繪天燈 摺紙遊戲 豆子拼畫 蝴蝶飛飛飛	
自然觀察學習中心	春天的線索 花 樹 昆蟲	認識昆蟲 觀察裝飾 種豆觀察 和花革分類遊戲	戶外教學 尋找昆蟲 押花 種植鳳蝶菊 花寫生	石速花的觀察 水容與速度比較 表面比較 觀察水天天上的水珠 戶外教學	戶外教學 種豆觀察 昆蟲特色 採集花	公園裡 神奇的鳳仙花 參觀博物館 戶外教學	觀察天燈 飼養蝌蚪形 觀察樂器的聲音	影片欣賞 毛毛蟲變蝴蝶 過程 小種子發芽了 觀察校園	戶外教學 昆蟲特徵 花革遊戲 聲音遊戲 花革味道	介紹天氣 春天的小米園 戶外教學
數學邏輯學習中心	桃花數字 數與量 配對	比較大小 數數 撿樹葉 昆蟲拼圖	比較大小 數數 撿樹葉 昆蟲拼圖	葉子外形的配對 葉子迷宮 葉子拼圖 認識錢幣 各角色扮演的人數	分類 數數 角色扮演	分類遊戲 數數看 樹葉遊戲	數數 昆蟲配對 水果配對 買賣遊戲	花瓣有幾片 校園花有幾種顏色 落葉知多少 數數遊戲	比較大小 數數 方位遊戲 數量配對	介紹日層 介紹月層

表 12.3　臺北市立育航幼稚園課程地圖　主題名稱「花園裡的足跡」（續上表）

活動時間／課程內容\主題名稱	白兔班 3/01-3/4 4/15-3/30 花園裡的足跡—春天	河馬班 3/01-3/4 4/15-4/30 花園裡的足跡—春天	企鵝班 3/01-3/4 4/15-4/30 花園裡的足跡—春天樂園	草莓班 3/01-3/4 4/15-4/30 花園裡的足跡—一片神奇葉子	葡萄班 3/01-3/4 4/15-4/30 花園裡的足跡—美麗的春天	蘋果班 3/01-3/4 4/15-4/30 花園裡的足跡—春天	星星班 3/01-3/4 4/15-4/30 花園裡的足跡—春天來了	月亮班 3/01-3/4 4/15-4/30 花園裡的足跡—看見花開	大陽班 3/01-3/4 4/15-4/30 花園裡的足跡—拜訪春天	海豚班 3/01-3/4 4/15-4/30 花園裡的足跡—春天
內省學習中心	分享春天 畫自己 昆蟲死了	分享最愛 許願	介紹自己帶來的天燈 感受天氣冷熱的變化 棒偶戲	分享大樹下的聽覺感受 分享賞戲劇的心得 分享戶外參觀的心得 分享角色扮演的感受	表達想法 分享角色扮演活動	心情故事 假日分享 春天的願望	分享生活 我的心願 分組分享 角色扮演 學習中心分享	描述春天感覺 為自己的作品取名 如果我是花	介紹分享 我最喜歡的季節 接納尊重別人願	
語文學習中心	兒歌 故事 唐詩 符號遊戲	故事 唐詩 兒歌	故事 唐詩 兒歌	圖畫兒童字 師生共編劇本 繞唱故事 接龍遊戲 字型臨摹 青出一片神奇葉子演出	故事 手指謠 創作故事 兒歌	葉子烏 校園觀賞春天	猜謎語 兒歌 唐詩 故事 笑話	故事 唐詩 兒歌	故事 唐詩 兒歌 自創兒歌童詩 小小搞音站	
肢體動覺學習中心	律動遊戲 創作遊戲 體能活動	律動遊戲 體能活動 創作遊戲	故事劇 體能遊戲 肢體遊戲	毛毛蟲變蝴蝶成長過程 大風吹律動 青性基蒲菜 利用肢體勢作表現戲劇中各角色的特色	律動遊戲 體能活動 模仿活動	滾豆遊戲 小小農夫	肢體活動 模擬蝴蝶蜜蜂 肢體創作 做體操	體操 平衡活動 球類運動 柔軟操	律動 體能遊戲 肢體遊戲 彩帶舞	元育樂 搖元宵 放天燈
人際學習中心	蜜蜂舞 慶元宵 踏青觀察去 戶外野餐	總結分享 習俗分享（慶元宵） 角色扮演	欣賞天燈 提燈進會 欣賞他人天燈為生	合作貼工 泡茶合作遊戲 肢體合作戲劇呈現	小組活動 角色扮演 合作作品	種豆子	猜拳遊戲 彩繪票選 開花店	扮演故事 介紹自己的作品	放天燈 慶生日快樂 蔡點彩繪屋 票選彩繪 大地尋寶 大家來演戲	春天的小花草

智能，適時調整或補充不足之處，亦可透過課程地圖來檢核，這給了我們更大的動力及信心，更努力地朝著堅強卓越的目標前進。

㈢育航的 E 化評量

透過 E 化評量將繁雜的評量內容系統化，全園教師共同依先前所觀察幼兒的表徵行為所設計出來的評量表，運用本園自創之 E 化評量系統規劃出幼兒「光譜學習中心評量量表」及「期初多元智能觀察評量量表」，並繪製光譜曲線圖，以了解幼兒學習進步與成長的情形，更能協助教師規劃教學活動。

1. 評量量表輸入

音樂智能觀察統計量表（項目量表）

編號	姓名	出生日期	班別	性別	音樂01	音樂02	音樂03	音樂04	音樂05	音樂06	音樂07	音樂08	音樂09	音樂10	音樂11	音樂12	總分
1	黃○○	87.09.25	大	女	2	2	3	2	2	3	2	2	2	3	2	2	27
2	李○○	87.09.30	大	男	2	2	1	1	3	2	2	2	2	2	2	2	23
3	李○○	87.12.16	大	女	2	2	2	2	2	1	2	2	2	2	3	2	24
4	陳○○	87.12.27	大	男	2	2	2	2	1	2	1	2	2	3	1	2	22
5	楊○○	88.06.06	大	女	2	2	2	2	2	2	2	2	1	1	1	2	21
6	黃○○	88.08.02	大	男	2	2	2	2	2	2	2	2	1	1	1	2	22
7	林○○	88.03.10	大	男	1	1	2	1	2	2	2	2	2	2	1	2	20
8	蕭○○	88.05.22	大	女	2	2	2	2	1	2	2	2	2	2	2	2	23
9	林○○	87.12.15	大	男	1	1	2	2	2	2	2	3	2	2	2	2	23
10	寶○○	88.07.14	大	女	2	2	2	2	2	2	2	2	2	2	2	2	24
11	王○○	88.07.21	大	男	2	2	2	3	2	2	2	2	2	2	2	2	23
12	鄭○○	87.12.24	大	男	2	2	2	2	2	2	2	2	2	2	3	2	24
13	吳○○	88.02.15	大	男	2	2	2	2	3	2	2	2	2	2	2	2	23
14	李○○	89.08.29	小	女	1	1	2	2	1	1	2	2	2	3	1	2	19
15	陳○○	89.08.07	小	女	2	2	2	2	2	1	1	1	1	1	1	2	18
16	黃○○	89.05.04	小	男	2	2	2	2	2	1	1	1	1	2	1	2	19
17	賴○○	88.10.06	小	女	2	1	2	1	2	2	1	1	1	2	2	2	19
18	吳○○	89.01.26	小	女	2	2	2	2	2	1	2	2	2	2	1	2	22
19	翁○○	88.11.10	小	女	1	2	2	1	2	2	1	3	2	2	2	2	20
20	戴○○	88.11.19	小	女	2	2	2	2	2	2	2	2	2	2	2	2	20
21	李○○	88.10.09	小	女	2	2	2	2	2	2	2	2	2	2	2	2	23
22	陳○○	89.05.15	小	男	2	2	2	1	2	2	1	1	2	1	2	2	21
23	林○○	88.09.16	小	女	2	2	2	2	2	2	2	3	1	2	21
24	張○○	89.07.22	小	男	2	2	2	2	2	2	2	2	2	2	2	2	20
25	許○○	89.08.13	小	女	2	2	2	2	2	2	2	1	1	1	2	18
26	胡○○	89.08.13	小	男	2	2	2	2	1	1	1	2	1	2	2	18
27	邱○○	88.01.10	大	女	2	2	2	2	2	1	2	2	2	2	20

2. 全班智能曲線圖

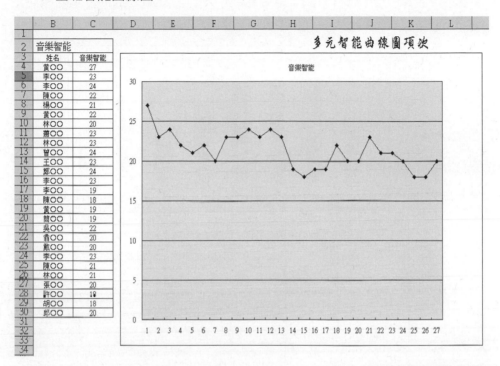

	B	C
1		
2	音樂智能	
3	姓名	音樂智能
4	黃○○	27
5	李○○	23
6	李○○	24
7	陳○○	22
8	楊○○	21
9	黃○○	22
10	林○○	20
11	蕭○○	23
12	林○○	23
13	曾○○	24
14	王○○	23
15	鄭○○	24
16	李○○	23
17	李○○	19
18	陳○○	18
19	黃○○	19
20	簡○○	19
21	吳○○	22
22	翁○○	20
23	戴○○	20
24	李○○	23
25	陳○○	21
26	林○○	21
27	張○○	20
28	許○○	18
29	胡○○	18
30	邱○○	20
31		
32		
33		
34		

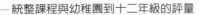

課程地圖——統整課程與幼稚園到十二年級的評量

3. 學生智能分析及評語

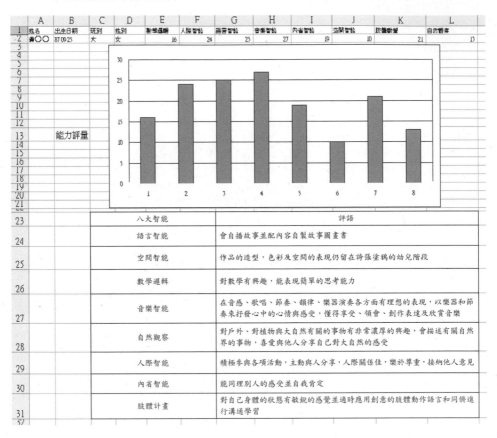

	A	B	C	D	E	F	G	H	I	J	K	L
1	姓名	出生日期	班別	性別	數學邏輯	人際智能	語言智能	音樂智能	內省智能	空間智能	肢體動覺	自然觀察
2	黃○○	87.09.25	大	女	16	24	25	27	19	10	21	13

八大智能	評語
語言智能	會自播故事並配內容自製故事圖畫書
空間智能	作品的造型、色彩及空間的表現仍留在誇張塗鴉的幼兒階段
數學邏輯	對數學有興趣，能表現簡單的思考能力
音樂智能	在音感、歌唱、節奏、韻律、樂器演奏各方面有理想的表現，以樂器和節奏來抒發心中的心情與感受，懂得享受、領會、創作表達及欣賞音樂
自然觀察	對戶外、對植物與大自然有關的事物有非常濃厚的興趣，會描述有關自然界的事物，喜愛與他人分享自己對大自然的感受
人際智能	積極參與各項活動，主動與人分享，人際關係佳，樂於尊重、接納他人意見
內省智能	能同理別人的感受並自我肯定
肢體計畫	對自己身體的狀態有敏銳的感覺並適時應用創意的肢體動作語言和同儕進行溝通學習

能力評量

4. 幼兒多元智能觀察評量表

臺北市立育航幼稚園幼兒多元智能觀察評量表

幼兒姓名＿＿＿＿＿＿＿＿＿＿＿＿＿　　出生年月日＿＿＿＿＿＿＿＿＿＿＿＿

評量老師＿＿＿＿＿＿＿＿＿＿＿＿＿　　評量日期＿＿＿＿＿＿＿＿＿＿＿＿＿

評量指引：

一、以下觀察只就孩子所表現出來的行為加以記錄，請勿加入您的主觀意見及期望。

二、做現場的觀察記錄，請勿先判斷後評量，以免產生偏見！

三、評量的規準依孩子身體、動作、感覺、認知、語言、社會行為及學習……等發展階段做為參考標準。

四、請就您觀察孩子的表現，在評量選項圈選最恰當的數字選項，圈選說明如下：

　　0（未發展）：表示該行為未發展或表現

　　1（弱勢／低興趣）：出現或表現頻率很少

　　2（符合該年齡）：偶爾出現或表現

　　3（優勢/高興趣）：常常出現或表現

五、以下評量是為了幫助老師及父母能更加了解孩子多元智能發展的方向，以便日後做為教師教學活動及父母教養子女的參考。

智能向度	規準	觀察項目	評量選項			
語文智能	閱讀	1.能主動翻閱或借閱圖書	0	1	2	3
	語文表達	2.能發問、發表	0	1	2	3
		3.說話時字句清楚	0	1	2	3
		4.能自編故事	0	1	2	3
		5.擅長使用語文於生活中（如：母語……）	0	1	2	3
		6.能使用語言提出自己的意見、看法	0	1	2	3
		7.說話時，會使用不同的詞彙（如：形容詞、動詞……）	0	1	2	3
		8.能主動分享（如：假日生活……）	0	1	2	3
		9.喜歡進行文字遊戲（如：猜謎語、造詞句……）	0	1	2	3
	聽	10.喜歡聽故事	0	1	2	3
	記憶背誦	11.能自行背誦兒歌或詩詞、很會認字	0	1	2	3
		12.善於記人名、地點、時間	0	1	2	3
小計		共得（　　　）分÷12＝（　　　　　）（取自小數點第三位）				

(續)

智能向度	規準	觀察項目	評量選項			
邏輯—數學智能	計數	1. 會進行 0～10 的結合與分解	0	1	2	3
		2. 能按先後順序排列（有數數能力）	0	1	2	3
	辨識	3. 會說出物體的異同處	0	1	2	3
		4. 能識別不同物件的色彩、形狀、大小	0	1	2	3
		5. 認識日期和時間	0	1	2	3
		6. 會分類、配對	0	1	2	3
	解決問題	7. 會主動提出問題	0	1	2	3
		8. 遇到困難能試著想辦法（或解決）	0	1	2	3
	策略運用能力	9. 對於偵探、科學類等範疇事件表現高度興趣（如：喜歡討論、實驗……等）	0	1	2	3
		10. 對任何事物都有探究的好奇心	0	1	2	3
		11. 喜歡玩益智遊戲（如：下棋、跳棋、象棋或玩牌）	0	1	2	3
		12. 喜歡進行創作	0	1	2	3
小計	共得（ ）分 ÷12 =（ ）（取自小數點第三位）					
音樂智能	欣賞（含鑑賞力）	1. 喜歡聽音樂（能安靜或表現愉快的態度）	0	1	2	3
		2. 能分辨音樂有沒有走調	0	1	2	3
		3. 對於週遭的的聲音（噪音）很敏感	0	1	2	3
		4. 喜歡上音樂課（能有愉快的表情）	0	1	2	3
	韻律（含節奏）	5. 能隨音樂拍打節奏	0	1	2	3
		6. 喜歡進行音樂遊戲（如：頑固伴奏、說白節奏、天然樂器）	0	1	2	3
		7. 會運用身體部位發出聲音（如：拍打、彈指……）	0	1	2	3
		8. 配合歌曲能敲打樂器或舞動身體	0	1	2	3
		9. 任何時候（工作或走路時），會用手或腳打拍子	0	1	2	3
	表達（含聲音表現、彈奏、創作）	10. 喜歡哼哼唱唱	0	1	2	3
		11. 能創作兒歌	0	1	2	3
		12. 會彈奏（敲奏）一種樂器	0	1	2	3
小計	共得（ ）分 ÷12 =（ ）（取自小數點第三位）					
空間智能	知覺能力（含空間、色彩知覺）	1. 能在一個空間裡穿梭自如、不會與他人相碰撞	0	1	2	3
		2. 對色彩敏感，很注意平時週遭的顏色，會談論自己衣服的顏色	0	1	2	3
		3. 喜歡看電視、幻燈片、海報……等視覺性的表演	0	1	2	3

（續）

智能向度	規準	觀察項目	評量選項			
	建構能力	4. 喜歡進行積木、雪花片等搭組活動	0	1	2	3
		5. 喜歡從事迷宮、拼圖等益智活動	0	1	2	3
		6. 喜歡拆組物件	0	1	2	3
	創意設計	7. 喜歡有關立體工的設計與創作活動	0	1	2	3
		8. 會用不同的素材進行創作或裝飾物品	0	1	2	3
		9. 大多藉由影像、圖片等視覺器材進行學習	0	1	2	3
		10. 喜歡隨意塗鴉	0	1	2	3
	方位	11. 喜歡從事有關地圖搜尋各國位置的相關活動	0	1	2	3
		12. 能仿繪圖形、線條	0	1	2	3
小計	共得（　　）分 ÷ 12 =（　　　　）（取自小數點第三位）					
肢體— 動覺智能	身體控制	1. 難長時間久坐於位	0	1	2	3
		2. 喜歡自己動手操作來進行學習	0	1	2	3
		3. 具體的接觸任何事物（如：角色扮演……）	0	1	2	3
		4. 善於模仿他人的動作、表情	0	1	2	3
		5. 隨時隨地都精神奕奕、充滿活力	0	1	2	3
		6. 身體的柔軟度佳（如：能前彎後彎、左彎右彎……）	0	1	2	3
	敏捷（包含 平衡、協 調）	7. 運動時的協調性、靈敏度佳	0	1	2	3
		8. 有擅長的體育活動（如：跳繩、踩高蹺、跑步……）	0	1	2	3
		9. 喜歡從事運動	0	1	2	3
		10. 平衡感佳（如：單腳站立 5～10 秒、走平衡木 ……）	0	1	2	3
	肢體創作	11. 能隨興的以肢體動作進行創作	0	1	2	3
		12. 能自然的以肢體來表現自己的特色或心中所想的	0	1	2	3
小計	共得（　　）分 ÷ 12 =（　　　　）（取自小數點第三位）					
人際智能	分享協助	1. 能主動服務他人、幫助他人	0	1	2	3
		2. 能大方的與他人分享（如：心愛玩具的互相交流 ……）	0	1	2	3
		3. 當別人說話時能安靜傾聽	0	1	2	3
	社交能力 （含情感、 溝通、互 動、領導）	4. 會用正向的方式與他人溝通（如：說好話不口出 惡言……）	0	1	2	3
		5. 有領導才能，能分配、分擔工作，擁有天生領袖 氣息	0	1	2	3

（續）

智能向度	規準	觀察項目	評量選項			
		6. 在團體中能守秩序、會等待及輪流	0	1	2	3
		7. 喜歡教導其他孩子進行某件工作（如：摺紙、下棋……）	0	1	2	3
		8. 能與他人分工合作共同完成一件事情（如：小組美勞創作）	0	1	2	3
		9. 經常與三五同伴聚在一起	0	1	2	3
		10. 能自然融入其他同儕小組中，受到其他孩子的歡迎	0	1	2	3
		11. 與同伴發生衝突時，能原諒他人的過失	0	1	2	3
		12. 喜歡從事團體性活動或小組活動（如：角色扮演、戲劇演出、團體遊戲……）	0	1	2	3
小計	共得（　）分÷12＝（　）（取自小數點第三位）					
內省智能	自我約束	1. 通常是班上的獨行俠	0	1	2	3
		2. 做錯了能勇於認錯	0	1	2	3
		3. 能獨自完成工作（如：美勞創作、收拾……）	0	1	2	3
		4. 常獨處而不喜歡人群很多的地方	0	1	2	3
		5. 能用正向的方式表達自己的感受（如：使用口頭語言不哭鬧）	0	1	2	3
		6. 有責任感（能達成被託付的工作）	0	1	2	3
		7. 不任意挑逗他人	0	1	2	3
		8. 生活作息時間規律（固定時間做固定事情）	0	1	2	3
		9. 能專心的進行工作（如：閱讀、繪畫……等各種活動）不受週遭環境的影響	0	1	2	3
	認識自己（含接受批評）	10. 有自己特殊喜愛與興趣	0	1	2	3
		11. 能說出自己的優缺點	0	1	2	3
		12. 能接受別人對自己的批評，不惡言相向	0	1	2	3
小計	共得（　）分÷12＝（　）（取自小數點第三位）					
自然觀察者智能	科學知識	1. 喜歡觀察活動（如：蜘蛛網、毛毛蟲、樹木、葉子……）	0	1	2	3
		2. 能比其他人較早發覺週遭環境的變化	0	1	2	3
		3. 喜歡觀望天空的變化並注意天氣的型態（如：晴天、陰天、下雨天……）	0	1	2	3

（續）

智能向度	規準	觀察項目	評量選項			
		4. 能將各種動物和植物加以分類	0	1	2	3
		5. 對於昆蟲、動物、植物等相關話題有極高的探討興趣	0	1	2	3
		6. 很快就能記住有關自然環境中景物的名稱	0	1	2	3
		7. 喜歡有關岩石、骨頭（化石）、地震……等地理學領域的探討學習	0	1	2	3
		8. 喜歡收集自然的景物（如：標本、貝殼……）並加以分類	0	1	2	3
	探索實驗	9. 對自然界的味道、聲音很敏銳（如：一聽到聲音會立刻去尋找來源……）	0	1	2	3
		10. 喜歡戶外活動（如：漫步於學校步道、欣賞園藝……）	0	1	2	3
		11. 喜歡種植或飼養	0	1	2	3
		12. 喜歡親近大自然（如：能自然的躺或坐在草地上，不怕髒……）	0	1	2	3
小計		共得（　　　）分 ÷12＝（　　　　　）（取自小數點第三位）				

計分方法：

1. 將各智能領域的分項目所圈選的數字加總，即為該智能總分，並除以 12，可得每領域的分數（取自小數點第三位），若有某項得 0 分，則該項不予計算，每領域中若有四項是評量不確定者，就不予計分。
2. 將分數填寫於每領域下方的計分欄中。
3. 將各領域所得數據以 Microsoft Excel 系統進行分析，並可獲得幼兒在各智能領域的「多元智能剖面圖」！

※以上資料係參考澳門教育大學張國祥教授設計之 SMILES 評量系統、Branton Shearer 博士所編之多元智能發展量表（MIDAS）及參譯 Nelson 教授所編的多元智能分析報告而成。

※資料來源：修改自莊雯心「幼兒多元智能觀察評量表」。

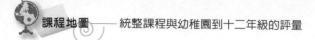

第十三章
研究結果與發現

「我們有夢、有願景、更有實踐的腳步」，教師們以愛心、耐心及專業的知能，依幼兒的發展需求、興趣及能力，引領幼兒進入學習的殿堂，期盼家園同心共同實踐育航「MI 大能力教育，3C 新世紀領航」的願景。落實檔案及 E 化評量，彙整本園幼兒基本能力及多元智能觀察評量，搜集評量幼兒個人與核心項目表現，以建立幼兒成長檔案。將「家長資源網」以及「社區資源」納入「支持系統」，設電腦資訊分享平臺，便於教師參考。我們將多元智能的理論融入課程中，透過多元活潑教學以開啟幼兒多元智能，擴展幼兒優勢智能及提升弱勢智能，教給幼兒帶得走的能力，讓幼兒信心十足的邁向成功的人生舞臺。

在這一年的行動研究歷程中，育航團隊不斷的規劃（design）、對談（discourse）、記錄（documentation）的協議式學習（negotiated learning），改變原來各種集會的沈默以對，這種校園文化的塑造，促進親師生三贏的課程本位經營，一年來的行動研究結果與發現分析如下：

根據行政國科會 94 年度，教育學門「課程與教學領域」專題計畫成果發表會（台南大學，2005），蔡清田教授分析近 5 年專題研究名稱有關學校本位課程發展、學校課程領導、學校課程革新等課程實踐相關研究，89 學年度 8 件（國小 3 件、國中 5 件）；90 學年度 11 件（幼兒園 1 件、國小 2 件、國中 2 件、高中職 1 件，跨階段 5 件）；91 學年度 11 件（國小 6 件、國中 2 件、跨階段 3 件）；92 學年度 15 件（幼兒園 2 件、國小 3 件、國中 2 件、高中職 1 件，跨階段 7 件）；93 學年度 7 件（國小 3 件、國中 2 件、跨階段 2 件）。就這些相關的學校本位課程發展與實踐研究中，蔡清田教授提出實踐檢討（台南大學，2005）：

一、雖符合歐美 1970 年代學校本位課程發展的字義，但研究視野有限

根據研究報告指出，學校本位課程發展需要再概念化，一般學校課程發展人員對課程的定義較狹隘，只重視學校課程計畫與教科書的選擇，或鄉土教育的特色課程，比較缺乏「課程」即「經驗」深層意義的視野觀點。Marsh 等人所強調學校本位課程發展是一種強調師生共享決定，創造學習經驗的教育哲學亦較少落實（Marsh et al., 1990；蔡清田，2005）。

二、學校本位課程發展的實踐不夠落實

對「學校本位課程發展」理念認識不清，對教育鬆綁授權政策感到無所適從，或不知為何需要研擬學校課程計畫，東拼西湊急於呈報上級備案應付了事的學校大有人在。

黃譯瑩教授在「談台灣課程研究趨勢及課程研究趨勢之研究取向與方法」的分析報告中，就課程研究主題分析而言，自 1949 年至今共有 28 篇「課程評

鑑」的研究（包括教科書選用與內容分析），此主題數量就整題研究的產出而言，似乎為數量不多。本研究希望藉此拋磚引玉，期待下面的發現與成長能提供未來以「課程地圖」做為學校或園所知識管理工具的參考。

1. 教師們在指導教授與資訊師的互動對話下，將心智圖法放射性思考化為具體化發展課程的系統工具；因有意見→呈現意見→利用圖示法解釋與修正概念→繼而清晰條理凝聚共識完成本研究。教師思考模式改變了，當然也帶動家長與幼兒的思考學習，形成創造力行的研究團隊。

2. 利用「課程地圖」改變幼稚園傳統教學中流水帳似的教室日誌的記錄，轉化為不斷檢視學生身心發展與文化脈絡的理解。強調眾生平等（親師生）的相互主體性（inter subjectivity）以及包容各種意見和價值的多元性。

3. 育航團隊在這一年裡學習將資料彙整的知識管理方法，運用電腦及軟體系統規劃尋找課程發展的脈絡；從「課程發展」到「理解課程」跨出一大步。

4. E 化管理在評量上的應用，教師們學會利用 Microsoft Excel 製作幼兒評量軟體，藉輸入、製作圖表、與結果分析做為幼兒個別學習，以及優勢智能了解的資料庫。

5. 親師生經歷「喚醒」（awaken）、擴展（amplify）、教學相長（teach）及遷移（transfer）的多元智能課程洗禮，學習如何將「創造歷程」置於社會與文化脈絡下來看待。這種對自己行動與行為反省的能力與習慣，育航團隊親師生將學會彼此尊重與相互欣賞，相信人人皆有揮灑自己「天才」的空間。

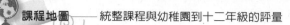

第十四章

省思與展望

一、教師的省思

㈠凡走過必留下痕跡 —— 張瑞玲、李珮甄

在幼教職場工作多年，每每總是埋頭苦幹於自己的班級事物，學校的運作有園長負責督導，簡單的說就是各司其職。2003 年的一次教學研討會，明珠園長說：「一個組織沒有願景，就像一個人沒有目標，這是相當危險的，所以建立組織共同的願景成為組織發展探討的一項重要課題。如何塑造一個學校教育的願景，是全園的責任。」為了凝聚同仁共識，聘請吳鳳技術學院盧美貴教授蒞園輔導，全園老師共同討論育航未來的發展願景與課程發展架構，並安排老師分批參訪他園，觀摩學習。

在盧教授的帶領下，我們經由討論，就目前幼教發展現況及發展趨勢，重

新思索育航的願景與發展方向。歷經二個月的討論，最後型塑出本園的願景——「MI 大能力教育，3C 新世紀領航」及願景圖。MI 就是指多元智能，3C 就是指創意的幼兒、自信的老師及關懷的家長。在教學會議上，園長發現老師對 MI 及 3C 的內涵仍有疑惑，為了解決老師的疑慮，園長決定購買與多元智能相關的書籍，並安排一系列的讀書會，並聘請幸曼玲教授、莊雯心老師來園輔導進行課程型塑研習活動。並藉由教學研討會及閱讀書籍，讓老師對多元智能的內涵及幼兒優勢智能更加了解。

為了豐富幼兒學習環境及落實多元智能理念於教學中，老師除了引導幼兒依教學主題進行討論、建構、發現問題及解決問題外，並依多元智能的理論，在園區設置了 8 個光譜學習中心——語文學習中心、數學邏輯學習中心、音樂學習中心、人際學習中心、內省學習中心、空間學習中心、肢體動覺學習中心、自然觀察學習中心，讓幼兒依興趣自由選擇學習中心活動，以啟發幼兒的多元智能。

一系列的課程型塑研習活動，內容充實，步調緊湊，把每個老師從以往平凡、安穩的日子，帶向充滿挑戰、緊張與壓力的日子。為了讓老師能安心參加會議討論，又不影響幼兒的學習，因此園內的會議改在下班時間開會。其實型塑一個園的特色與風格是要靠全體教職員工一起攜手合作才能實現的，彼此要試著放開心胸、攜手同心、面對改變，朝向共同目標邁進——實踐「MI 大能力教育，3C 新世紀領航」的願景目標。

任何一個課程的實施若想成功都必須發展出一套有系統且完整的課程模式，如果只有理念而無實際可以進行的步驟，在實際推展的工作上，必然受到阻力，而且必須歷經許多嘗試錯誤的過程，浪費許多時間與精力。因此，學校必須從經驗中整理一些具體的方法，並自我檢視優缺點，而教師應該根據自己和學生的特性，社區和文化的需要，結合不同的已被證明有效的教育方法，創造出最適合自己的一套教學方法。多元智能教學可能是這套方法中的一部分，也可能是運用各種方法時的一種指導思想。

多元智能理念近年來備受教育工作者重視，這一年來感謝盧美貴教授的指導，提升我們的專業知能，進而讓幼兒們在育航多樣化的學習空間學習成長。在育航，我們透過多元化教學，尊重與欣賞幼兒的個別差異，因材施教，掌握多元智能的精髓，進行統整課程，實施真實性評量，以實踐本園「MI 大能力教育，3C 新世紀領航」的願景目標。

㈡看見孩子的優勢智能——潘彩玉

從事幼教工作 20 幾年，走過多年的幼教生涯，我常自我省思：「到底為自己留下什麼？我的專業在哪裡呢？」因此，當園長與我們開會討論，要從願景的形塑，進行課程的轉型，並聘請盧教授到園內輔導時，我自動表示願意接受教授進班觀察，從我的班級開始試做。活到老學到老，我努力說服自己要有所改變，努力認真的做下去，為自己留下專業的努力。

每個孩子都是獨特的，如何發掘孩子的優勢智能，進而提升弱勢的學習領域？首要的課題，便是探索如何將多元智能課程統整以主題做為教學的起點；安排和知識應用有關的內容和活動，鼓勵幼兒主動探索，親身經驗解決問題的方法，建構對自己有意義的知識。教師扮演協助者角色，提供多種學習資源；讓幼兒需要實際參予課程設計，探究自己關注的問題；採用多元評量方式了解幼兒學習與發展。

為了課程能掌握多元智能的理念，我們發展育航學力指標以讓課程不至於走偏。運用多元智能理念架構來了解孩子的特質。天生我才必有用，人人都有成功的機會，讓幼兒藉由優勢智能順利成功的學習。唯有了解孩子的優勢智能然後才能設計課程，使每個孩子都能以優勢的管道來學習。

透過教學活動，老師、孩子、家長能察覺自己的優勢智能與弱勢智能，所以活動必須多元且均衡，老師在引導的部分與孩子主導的部分都必須要有，這樣才能達到教學活動的功能目標。同時要喚起孩子學習的興趣，就必須學會活動概念或能力，如果孩子能在活動中獲得成功的經驗；就會更主動、更自願的

去發展各種智能。

教學主題活動課程是根據孩子的學習特質來設計，內容兼具抽象性、複雜性、多樣性以及組織性與經濟性。以多元智能為架構，教學目標是以小組合作學習的方式，讓孩子在良性互動中，學習與他人分工合作、尊重欣賞他人以及與他人溝通協調的能力。如果這次活動我較忽略了某個智能的部分，這是下一次可以改進的地方。

從教學活動中可以觀察出孩子的合作學習，對於平日不愛與人多說話較安靜的孩子，也會在活動中表現出人際的互動。這樣的學習方式對於發展孩子的各項能力真的很有幫助，藉由多元智能的學習活動讓他們找到自己的興趣、發掘自己不同的潛能，走出更廣的路。

在每個教學主題結束後，看著孩子們的活動照片，總覺得孩子真可愛！在每次的團討分享時，孩子總會大聲的喊著說：「喜歡！好棒哦！好好玩」。「我們可不可以一直玩下去，不要把布置的情境拆下來好不好嘛！」「老師我們可以把這些布置的東西留下來，我們可以在演戲的時候使用啊！」看到孩子給我這樣的回饋，心裡有說不出的感動，雖然孩子們喜歡這樣的教學主題活動，但活動總要告一個段落。

在教學活動結束後，我們將孩子的作品檔案、孩子的圖畫、照片及孩子自己畫的活動地圖，老師用以檢核教學主題活動，我們老師要孩子得到什麼？孩子要從教學主題活動中學會什麼？老師開始檢核活動的進行是否掌握到課程的精神，在關鍵問題的進行與發展是否落實，就從我們的概念網、活動網結合了多元智能及平日記錄下的教學日誌及省思來完成教學主題活動的檢核。

這一年來進行多元智能統整課程研究的學習歷程，讓我看到孩子從快樂學習中成長，自己心中也覺得很踏實，收穫滿滿。其實教學活動不只孩子們有所得，自己成長也不少，在孩子的身上自己也學習不少，經過這樣的一個教學檢討，對於以後的教學活動設計應該會更上一層，更知道要努力的方向，很感謝盧美貴教授的辛苦指導，更要謝謝這群活潑可愛的孩子們，在歡樂愉快的教學

活動中留下美好的回憶。

㈢多元智能在育航的心路歷程——姚宛均、李榛

社會的脈動隨著時代而改變，為了因應整個時代的需求，社會對人的要求不再像過去，只要具備一種技能即可吃遍全天下，而是多種技能在身上才可因應整個社會的需求。

多年經驗的教學，讓我們經歷各種教學模式，老師教孩子學，這種你教我學的主導教學模式；讓教者無趣，學者無味。更別提多元智能融入教學，或發現孩子的智能在哪裡？如何讓教學變得有趣，孩子學習是快樂的，就是發現孩子的多元智能，然後利用孩子的優勢智能帶動弱勢智能。

多元智能是什麼？如何運用多元智能在教學？如何發現孩子的優勢智能？如何做觀察評量？如何做曲線圖？等等的問題讓我們有待釐清，園長目睹到了這點，就透過各種方式讓我們對多元智能有進一步的認識，於是藉由開會、讀書會、教授演講、出外研習，以及美貴教授入園輔導，還有昌老師的 E 化評量設計，解決了我們在電腦 E 化部分的不足。

認識了什麼是多元智能？接著呢？既然多元智能要成為我們的教學模式，當然就要形塑我們的願景，於是大家經過了無數次的開會、討論與修正，最後達成共識，我們的教育目標是培養基本能力、開啟多元智能。「3C 新世紀領航，MI 大能力教育」就成為我們的願景——3C 是什麼？就是自信的教師、創意的幼兒和關懷的家長。而創意的幼兒就是創意應變、主動探索、獨立自主、尊重分享。

從角落教學改變到主題教學也是最近兩三年的事，如何將多元智能融入主題教學，又是另一種新挑戰，於是從畫主題網、主題概念網、主題活動網，然後將我們的活動過程以九宮格（語文智能、人際智能、音樂智能、肢體動覺智能、數學邏輯智能、空間智能、內省智能、自然觀察）來區分，並可檢示在教學方面是否有平均在每個智能。再從每個智能的活動目標中設計多元智能學習

評量。後經美貴老師的指導認為多元智能評量因與願景指標相環扣，這個想法引起了大家的重新思考。

經由大家的決議，每班抽一個智能，設計 10 個評量項目，然後請老師們酌商修正評量內容，以符合本園願景及幼兒基本能力指標。後經美貴教授提示加以修正由 10 項變成 8 項，後又由 8 項改成 5 項。目前大家所採用的，就是由活動內容依各智能設計 5 個項目的評量內容。可是如何產生評量曲線圖？以發現幼兒的優勢智能呢？昌老師擔負起重大的責任——設計 E 化評量（有個人和全班），只要輸入孩子的名字與各智能所得的點數，評量的曲線圖就自然呈現出來，從中可看出孩子個人智能的優勢和弱勢，全班的最低落點和最高落點在哪裡？這些都可供老師做教學參考之用。

多元智能的模式融入主題教學後就成為我們教學的方向外，我們還進行光譜學習中心，所謂光譜學習中心就是一個班級一個智能，它屬非結構式的教學，而是提供環境讓幼兒自由探索與操作，在這之前也是透過多次會議的討論與大家的互動與彼此觀摩下產生，光譜學習中心的資源、進行方式（分 A、B 兩組）、班級人數、評量的內容、幼兒掛牌（讓別班老師知道此班幼兒名字以及是哪個中心的班級？以便知道是否走錯教室）、從幼兒集合於大操場後改成教室走廊，聽到音樂由老師一組一組帶至教室，改由幼兒自己進教室，這些都是老師從做中發現問題經由討論再予以修改成目前所進行的方式。但是經由參觀者所給予的回饋建議中，發現光譜學習中心看不出班級是哪種智能？因為每班除了自班的東西外還有光譜學習中心的資源，在大家不斷的討論後採班群的方式進行，並由班群討論各班群的班級學習中心有哪些智能？一個班有兩到三個智能，也討論到進行方式，如：觀察評量如何做記錄、三天活動中的幼兒是否是同一群或皆不同、教室內的情境如何搭配主題？這是我們目前仍在研商之中，供下學期實施的方向。

為了讓我們對課程內容更加清楚明瞭，於是美貴老師給大家欣賞影片，從影片的欣賞中重新思考課程地圖的內容，因大家並不是非常清楚所寫的方向，

以為是將所上過的課程內容依各智能來書寫，後經大家協商加上全園性活動以及各月份所做的活動。如：

	9 月	10 月	11 月	12 月	1 月
全園性活動					
語文智能					
人際智能					
數學邏輯智能					
音樂智能					
空間智能					
內省智能					
自然智能					
肢體動覺智能					

可是如此表格內容無法顯示每個月所要教給幼兒哪些能力？於是大家又重新思考，並且美貴老師又一次的請吳鳳技術學院的學生，來分享他們所設計的課程地圖內容，於是大家又一次的重新設計。成為如下的表格內容，這樣的設計方式，內容較完整；

	9 月	10 月	11 月	12 月	1 月
主題名稱					
關鍵問題					
內容					
技能					
評估					
資源					

多元智能融入主題教學一直是我們學校要走的方向，從實施至目前為止也歷經兩三年，時間看似不算短，但其實也經過不斷開會、討論、請專家蒞園指導，一些專家、老師的經驗分享或參觀者給的建議，所以現在學校所進行的方式並不是固定的，它還是會不斷的修正找出最適合育航的模式，畢竟它還是需

要靠師生、園方、家長以及我們園裡的文化背景，這些因素在在都會改變我們教學模式的改變，所不變的是多元智能在育航的方向是不變的。

下學期又是另一方向的轉變，如：一星期進行 3 天；學習中心的設置以班群為單位；時間是 9 點半至 10 點半；班群方式自己進行；觀察與評量的方式又如何？這些都有待實施後才知盲點在哪裡？然後再修正。所以個人認為目前還在實驗的階段。相信在同仁的努力下，會有一個嶄新的成果。也是育航教學最好的突破。

㈣天邊的彩虹——陳杏芳、陳巧玲

當你看到「光譜計畫」這個名詞時，請先想像一下，天邊的彩虹，一層層的色層，匯集成令你眼睛一亮的奇景。你是否曾經這樣的聯想：我們人類群族，每個人所擁有的獨特性，是否也像一道彩虹？當每個孩子有機會展現他們各自擁有的潛能時，是不是也像色彩豐富的彩虹一樣？

在加入盧美貴教授的創意教師行動研究計畫中，藉由多位教授的指導，漸漸了解了多元智能的意涵，但我們在實際教學應用中，仍是戰戰兢兢、且做且走，遇到了難題，就趕快翻書找資料，或教師三五小組就討論了起來，一年來跌跌撞撞地嚐試許多新的教學概念與技巧：光譜學習中心、課程地圖、多元智能融入主題教學、心智地圖、E 化評量，雖不敢說盡善盡美，但也是一步一腳印跟著教授、園長慢慢學習、成長，不知不覺中接近一年的尾聲了，再回顧過去的足跡時卻早已忘了當時的血淚心酸，有的是嚐到豐碩果實的甜美滋味！

幼兒：「老師今天要玩學習中心嗎？」老師：「你覺得呢？」幼兒：「好啊！玩學習中心很好玩喔！」當我們實施育航光譜學習中心和班級學習中心活動後，常會聽到這樣的對話，幼兒喜歡去學習中心活動，因為他們找到各自的學習動機與興趣，雖然老師需要面對的不只是班上而是全園的幼兒，但是看到他們來到數學邏輯學習中心活動時的笑容，分享時說喜歡來數學邏輯學習中心玩，下次還要來玩時，就有和幼兒一起成長的感覺，但是一開始實施時間為一

週三次，結果發現班上的主題進行有困難，在園長與老師的共同討論下，要有所取捨，所以改為一週一次的育航光譜學習中心，但是班上兩位老師仍是努力地將多元智能的精神融入在主題中，並利用課程地圖來檢視活動是否涵蓋八大智能，是否會有所偏頗，而在一場田耐青教授的演講中，獲知 Lazear（1999）認為多元智能在教室的應用有三種方式：為了多元智能的教學、透過多元智能的教學、關於多元智能的教學，而在幼稚園階段最常採用的是提供學生發展各項智能所需之鷹架與舞臺，這也鼓勵、肯定我們目前所做的努力！

　　雖然這個計畫要告一個段落了，有結尾的時候，但在教學現場中，是沒有所謂的結束，幼兒隨時在學習成長，教師亦同，我們會隨時學習新知，以幼兒為出發點，任何對幼兒是好的有幫助的，我們都會盡力去做，希望在幼兒學習的成長路上，我們能提供些許的幫助。

㈤求新求變的育航 ── 莫運如、湯怡頌

1. 命運機會說 ── 歷程

　　本園前身為一所私立幼稚園，於 1997 年改制為公立幼稚園，成為臺北市第二所獨立園所，由於園舍為舊有的建築，在空間設備上明顯受限，經過前任毛園長與現任許園長，邀集相關專家學者的意見，積極美化環境，汰舊換新不堪用的設備，希望營造一個溫馨精緻的學習環境，展現別於先前看似辦公大樓的園舍外觀，像是幼兒可以盡情玩耍的天地。除了外觀、環境的改變，一個園所的內涵不斷地充實與創新，才是真正建校的教育精神，也才能使本園歷久彌新，立足於幼教界，邁向標竿幼稚園。

　　內涵的如何改變，2005 年上半年我們從「課程發展」為出發點，我們請盧美貴教授駐園指導，首先，她告訴我們必須形塑本園的願景，以做為幼稚園整體發展的方向，於是園長帶領我們全體成員，經過無數次的開會討論，也參考學習其他園所的願景，終於發展出「MI 大能力教育，3C 新世紀領航」的育航

願景。「MI」就是指多元智能，「3C」就是指創意的幼兒、自信的教師及關懷的家長。

有了願景後，園長帶領老師們將願景具像指標化，再轉換為最重要的幼兒學習指標，並具體而適當的融入教學領域，做為教師發展課程的焦點與核心依據。於是我們要發展幼稚園的本位課程，就根據我們的願景將「多元智能」本土化，融入主題教學課程。

為使我們了解什麼是「多元智能」，又如何將多元智能融入課程，一開始園長請莊雯心老師為我們上兩次課，以她實際的教學經驗為我們說明，但，這只不過是一個初步的引導，最重要的是要靠我們自己多看書，於是我們利用讀書會的方式，更深層的認識多元智能的理論，「開啟多元智能新世紀」及光譜計畫系列叢書，到幼兒教育課程發展等書籍，除此之外，盧教授每月大老遠地從嘉義回臺北輔導我們，並且不定期的聘請專家學者就藝術、多元智能、幼兒繪本、課程地圖等內容，做為深度的課程知能研習，另外運用教學會議、校內外教學觀摩等高品質的澄清與對話，這些安排都是要提升教師的專業成長與本位課程發展的意願與能力。

許園長一邊督促我們儲備專業的知能，一邊開始計畫多元智能落實在課程中的執行方法；首先向家長說明什麼是「多元智能」？園長利用學校日、親師座談會與家長溝通，希望能獲得家長支持，同時間提供家長多元智能評量問卷，幫助家長觀察幼兒的天生才能以及在多元智能領域中的優勢能力，也做為老師開啟幼兒多元智能及利於因材施教的參考。剛開始，我們各班在自己的教室設置多元智能學習區，但礙於教室空間狹小，無法有效的設置 8 個學習中心，於是園長提議將全園教室分為 8 個學習中心，為此我們也開過無數次的教學會議討論，例如：每一學習中心的空間該如何規劃？每星期幾進行？何時進行最恰當？大家達成共識後，決定週三 10：00～11：00 實施，為了實施全園學習中心活動，老師做許多準備工作，最重要的是我們要為每一孩子到學習中心活動時做觀察記錄，發現幼兒在不同範疇和領域中所展現的特長和興趣。打破班級界

線，改為全園學習中心，起先老師們擔心，第一孩子至他班會陌生，第二老師不認識他班小孩，恐在觀察記錄上有所疏失，凡事沒試過怎知道？實施二、三週之後，這些顧慮，皆被老師一一克服，主要是老師先要將學習中心的環境安排好，讓孩子進入後可自由探索，老師的角色就是做觀察記錄，看著孩子們很期盼每週三的學習中心活動，我想這個安排應該是對的。

光是現場教學，那是不夠的，必須留下紀錄，盧教授建議我們，可藉著教師的記錄和幼兒的作品，及省思的書寫來做為教師的教學檔案。另外幼兒的部分，則是落實檔案評量，呈現幼兒在核心及個人的學習成長紀錄，每學期試著收集一個幼兒的學習成長紀錄。

除了上述班級設置光譜學習中心外，我們也希望能將多元智能融入主題教學，運用多元智能的理論精神，師生共同建構教學主題，發展教學情境及內容，我們的教學目標是培養團體討論的能力、增進創意應變能力、養成解決問題能力，培養統整學習與分享能力。

配合時代潮流，當我們要檢視、記錄，或者呈現教學過程，我們必須借用E化工具，將幼兒在多元智能的評量，靠E化呈現幼兒的發展曲線圖，藉此可清楚的看出每一幼兒優勢與弱勢的落點。E化管理，我們學了許多有關的電腦課程，例如：心智圖法——建構專業而有系統的主題活動網、魅力四射——展示平時搜集的相片及紀錄、PowerPoint——幫我們簡報主題教學的過程及相關資料、Excel——製作幼兒的多元智能評量表。在此要感謝昌資訊師，不遺餘力的指導我們。

2005年下半年我們採班群共同主題，先擬定主題概念網及課程地圖（關鍵問題、教學內容、技能、評估、資源），實際上在各班發展時，就會呈現不同的風貌，在教學進行中我們要隨時檢核是否符合課程地圖，課程可能有些會與原先擬定之課程地圖不同，可能會因幼兒興趣能力或偶發事件有所更改，一邊教學一邊修正方向，更要記錄所有的教學歷程及幼兒的觀察評量，課程實施後要進行省思與展望，省思課程進行是否掌握課程地圖，並敘述為何掌握或為何

未掌握？當中是否有困難？透過課程地圖的檢核，做為下次主題的銜接依據或了解幼兒發展與學習評量的參考，所以每天的教學日誌是非常重要的教學紀錄。

關於全園學習中心的活動，有鑑於幼兒的喜愛，一開始改為每週實施 3 天，實作之後，發現會影響各班主題教學的進行，經老師們的建議，又調回為每週 1 次。2006 年上半年園長提議：因全園交流較龐雜，既然班群主題也是相同的，何不推動班群學習中心，每班可能需設立 2 至 3 個學習中心，每週實施 3 次，詳細細節，各班老師尚需討論與規劃，這可做為未來的展望。

2. 莫子如是說

雖然一年來我們在做幼稚園本位課程發展之創意教師行動研究，但早在 92 學年度至 93 學年度，園長就帶領我們大家開始醞釀；育航幼稚園的課程要做一個改變，首先我認識了多元智能，我覺得多元智能的 8 大智能，類似幼稚園課程標準的 6 大領域，但是它多了人際智能與內省智能，這是 6 大領域所沒有的，我覺得以多元智能來做我們的課程架構是非常好的，另外多元智能觀察評量表，是一個非常好的評量工具，可藉此發現幼兒優勢智能。唯一評量的標準，達到什麼樣的水平可以評為「優勢能力、展現高度興趣」、「符合該年齡發展」、或「尚待發展、展現低度興趣」，我們制定的標準，尚不夠完善，評量的差距很小，可以再做修正。我覺得目前每週一次的學習中心模式進行的很順利，倒是每班的光譜學習中心設備可再增強，應多準備一些可以讓幼兒自由探索的教材教具，整體看來，各班的學習中心的情境、內容，都是我們需加強的地方，教育是長久之計，也是要負責任的，所以既決定方向，就要非常踏實地做，確實而深入地討論優缺點，針對不足之處做修正，期待不是只有做到而已，而是要追求其內涵及質感的擴充。

多元智能要如何融入主題教學，這是我們尚需努力的方向，另外盧教授強調要用課程地圖檢核課程，如何制定課程地圖？這是我最弱的地方，自己尚需多努力。

班群共同主題的大架構之下，各班在各自發展，這也算是另外一種形勢的分組討論，凝聚了我們班群之間團結的力量，討論之間，大家也會提供自己的意見和想法。

這一年的行動研究，我真的很感謝盧教授、許園長、潘組長、昌資訊師，由於您們精心的安排，使我們參加了許多場次的研習，才有機會聆聽名教授的演講，所謂「師父引進門，修行在個人」，教學是需要不斷的求新求變，在育航能獲得新知，這是我們育航人的福氣。

3. 湯子期待說

進入幼教工作領域這些年，歷經大單元設計、角落學習、主題等教學模式，每每總是著墨在如何展現幼稚園的特色良多，觀乎幼稚園所在區域、經營者教育理念、教師教學態度及家長教育需求而定。育航的夥伴們歷經主管更替、教學轉型及兩次的幼稚園評鑑，秉持著求新求變的精神，不斷地尋求幼稚園本位課程的發展，盧美貴教授駐園指導，讓我們如虎添翼，嘗試將多元智能融入主題教學課程，並利用 E 化行動結合心智圖法及課程地圖，呈現更有系統有組織的課程結構。

主題教學模式，我認為是以最貼近孩子題材為出發點，依著孩子在班級中的探索方向，逐步探究、建構、延展的學習方式；孩子與教師一步步地，針對共同決定的主題搜集資料、討論及繪製設計圖、動手建構與創作、發現問題突破困難、角色扮演及成果分享……等學習過程。活動中老師不僅與孩子共同經營主題，更要隨時拍照、錄影及記錄課程發展脈絡與孩子的表現，往往在繁瑣的課程資料整理上，總是感覺冗長而沉重，似乎生命中只有工作，忘記自己所為何來，所做為何的生命價值。

在這段行動研究中，盧教授帶著我們、陪著我們，激盪出大量的觀點陳述及討論，也採用研習工作坊、參與觀察、文件分析與座談會等方式，凝聚共識後形成圖示，發展研究架構與國內本土化 MI 課程與評量指標及規準。

課程進行中，教師利用心智圖法將幼稚園冗雜而缺乏系統脈絡的課程，建構成專業而系統的本位課程風格。課程架構建置後，教師再以課程地圖為基礎，利用教學日誌搜集主題、概念、關鍵問題、教學過程及評量工具等資料，了解整體的課程脈絡。

期待經過這行動研究的洗禮後，我們能秉持「全品質經營」的理念、幼稚園的背景脈絡，以此基礎建構幼稚園的願景與目標，不斷的實踐與修正，藉「系統建構」幫助幼稚園發展本位課程，進而形塑幼稚園的專業與品牌形象。

㈥多元智能心路歷程——袁小梅、張秀琴

「育航」的歷史隨著時代的不同，教學也不斷的更新。從傳統教學、五指教學、單元教學、大單元教學，至方案教學、大學習區……直到 2002 年 2 月許園長帶領之下，經過教學研討，不斷修正育航幼稚園的遠景，但一直想建立園所特色，這時有盧教授的指引，將育航教學課程大刀闊斧以多元智能 MI 及 3C 新世紀領航邁進，但這時我們並不了解多元智能，老師們都還不太敢著手。

於是，園長安排一系列的課程，首先請盧教授指導我們認識多元智能的理論，接著邀請莊雯心老師實際分享她在班上及園所實行的多元智能，除了講座的安排，老師們不斷的進行，研究多元智能，閱讀有關多元智能書籍、分享。

在園所先以一班一位幼兒做多元智能成長檔案，由陽明山研習老師當種子老師一起與園內老師做分享，這其中除了理論明確外，需要電腦 E 化。電腦對年輕的老師也許能一點即通，但對於較資深的老師雖是一個小小的動作，我們需要反覆練習好多遍。

幼兒檔案 E 化的整理，教學檔案的彙整，資料的整理，在在都需要電腦幫忙做有效、快速的統整。因此在幾次的創意教師行動研究活動，由資訊老師——昌志鵡老師的授課中，學會主題網的架構方式，如何用活潑又快速的方法呈現幼兒照片，……以及個人評量的方式，都將有電腦幫忙處理，所以電腦真的是我們的資料秘書，將我們平日的主題活動儲存在電腦裡，幼兒個人的表現也以

電腦做記錄，讓我省去一些紙筆的工作，而能有更多的時間來做教學的準備、觀察孩子的表現。

　　無論是教學方式的改變，或是幼兒表現紀錄的方式改變，在整個硬體教學設備的精進環境裡，我們的教學模式也要隨著 E 化時代的來臨而跟進，讓幼兒能更自由的隨心所選擇；所想的方式學習，才能發現幼兒的真正優勢智能落在何方？

　　好不容易在學期末，各班將自己班上的主題選一個做完整的報告，這時全園參加盧教授嘉義吳鳳技術學院的創意教師行動研究，園長為了激勵大家也參加教育部舉辦的卓越獎，全園老師在園長及盧教授的帶領下，將各班完整主題以電腦 E 化呈現，雖是第一次參加，大家都戰戰兢兢的做，將主題以 MindManager、魅力四射、Medi@Show，非常好色……等，把所學運用、完成。雖然沒得獎；但我們猶如毛毛蟲蛻變成蝴蝶般，脫胎換骨。也許正因為沒得獎，還有許多成長的空間，暑假期間，全園老師已經積極在討論 94 學年度第一學期主題以班群呈現。

　　我們動物班群討論以「魔幻屋」做為主題架構，各班再去發展屬於自己班上的主題內容。就以我們河馬班來說，和幼兒討論我們要進行之主題──「魔幻屋」，在與幼兒討論的過程中，請幼兒思考，並分享覺得魔幻屋可以是什麼樣子？

　　之後，帶領幼兒從形狀王國為基底，開始發展、布置教室的魔幻屋。幼兒利用毛根摺出不同的形狀，並將其串成一串一串地，而後老師協助把它們垂掛在天花板來布置教室。除此之外，也請幼兒利用長方形玻璃紙自由創作，在玻璃紙上剪出許多不同的形狀，布置在教室的窗戶上。

　　幼兒先從觀察最貼近他們的環境──「教室」開始，讓幼兒觀察看看教室裡有哪些形狀。討論中，有孩子提出可以用紅色的紙來貼教室的電燈。隔天，幼兒在玻璃紙上剪出三角形、圓形等不同的形狀，而後將剪出的玻璃紙布置在窗戶的玻璃上。另外，老師還請幼兒利用毛根摺出不同的形狀串起來，而後將

其掛一排在教室天花板，做為教室之空中布置。

利用立體之海棉積木建構什麼物品後，幼兒決定想要嘗試建構「魔幻城堡」、「大蛋糕」、「大橋」。之後老師便協助幼兒分組，將幼兒分成三組，分別合作來進行這三個物品之積木創作。在嘗試利用積木進行建構，以及共同創作之後，老師和幼兒回顧最近做過哪些關於形狀之活動。接下來，在活動中加入立體創作，讓幼兒開始嘗試利用立體形狀之紙盒來進行創作，布置魔幻屋。因為要把教室布置變成魔幻屋，除了用玻璃紙來布置，我們還要來試試看利用立體形狀可以做一些什麼東西來布置魔幻屋。

之後經過討論和分享之後，幼兒嘗試利用立體紙盒還有氣球製作了魔幻電梯、魔幻燈泡、電燈、糖果盒、珠寶盒、錢包、花瓶、給水的機器。

而後，再帶領幼兒討論，看看教室裡面有哪些形狀的物品可以加以利用，把它布置成像魔幻屋裡面的東西，並逐漸引導幼兒發展、建構教室的魔幻屋。

繼續延續魔幻樹的部分，在回顧了幼兒已製作的魔幻樹之部分，包含樹葉、樹枝、樹上的裝飾之後，進而和幼兒討論，做出了這些東西之後，要怎麼才能把這些部分布置到樹上，以此帶領幼兒討論到我們需要製作樹幹以及更多的樹枝的部分，並接著討論想要製作哪一種樹、要布置在教室的哪個地方，以及其製作的方式。討論樹的類型之部分，老師提供三種樹的形式，有像榕樹、椰子樹以及聖誕樹這三種形式的樹，讓幼兒決定想要製作哪一種類的魔幻樹，而後幼兒投票決定出要製作類似榕樹的樣式。

經過表決，大家覺得不想做平平的樹，想要做立體的樹，緊接著，老師就和幼兒討論，我們的樹，樹幹的部分之製作方法。

之後，老師便讓幼兒開始嘗試製作樹幹以及樹枝的部分。製作樹幹時，在紙箱相疊起的部分，老師先幫幼兒以寬膠帶進行固定，再讓幼兒加強黏貼，使樹幹牢固，幼兒開始將報紙貼在紙箱上，並在上面進行裝飾，另外有部分幼兒製作樹枝。老師開始將樹的部分帶領至製作蘋果樹，並逐步引導幼兒共同來製作蘋果樹的各個部分。也請幼兒可以在回家後找一些關於蘋果樹等關於樹的書

籍，並和幼兒分享書的內容，以此增加幼兒對樹的認識。

在此之後，幼兒分工合作將報紙捲成圓柱狀，以此製作更多的樹枝，並讓幼兒來將樹枝和樹幹使用咖啡色廣告顏料塗上顏色。另外，也讓幼兒在戶外活動場時，仔細觀察葉子的形狀、樣子，而後便請幼兒分工來製作葉子，有的幼兒剪出樹葉的形狀，有的幼兒則幫忙畫葉脈。最後請幼兒將樹葉黏至樹枝上，並由老師協助幼兒建構、黏貼樹幹上的樹枝完成了樹幹和樹枝的布置，也讓幼兒共同製作樹上之蘋果。

在樹逐步完成之後，老師再進一步繼續去延伸教室的魔幻屋。老師利用《鯰魚的糖果屋》這本繪本，分享故事中鯰魚老闆的糖果屋裡賣的各種特別的點心、每種點心都有特別的效果，讓幼兒思考，教室的魔幻屋想要布置成哪一種的魔幻屋？甲：「可以做遊樂園魔幻屋」。乙：「糖果屋」。丙：「森林的魔幻屋」。丁：「城堡的魔幻屋」。

而後利用投票的方式，幼兒決定要將教室的魔幻屋變成遊樂園魔幻屋！在決定了製作遊樂園魔幻屋之後，老師便開始和幼兒討論，教室之遊樂園裡面要有什麼東西。幼兒分享想法，表示遊樂園裡面的設施要有球池、摩天輪、水池等設備供大家來玩。

師生不斷的在活動裡進行討論、分享，幼兒總期待參與他們自己所設計的活動，感覺熱鬧又有趣。在主題發展的過程中，發現在本班的多元智能教學的學習結果，只會有年齡不同而表現出來的差異性，但並不會影響每個幼兒學習的興趣，反而會隨著幼兒的年齡增長、經驗的累積，表現在多元智能的活動中更加精彩、豐富。

㈦一步一腳印──李丹薇、楊碧蓮

快樂的活動總是在遊戲中進行，透過盧老師屢次到本園輔導，我們認識何謂多元智能的概念後，大夥們的教學就朝此方向進行，經過數次教學會議的討論後，由原先各班與幼兒商討主題的發展後，將幼兒們的優勢智能更加顯出，

到了下學期，再次研討會中，希望能有所突破，於是這學習主題名稱改變以往的形式用班群來討論、優點呢？於是今年改變討論出3個班群各自的主題名稱，不管是幼兒發展到哪裡都不會影響到其他的班群活動，但對班群討論上也有共同的話題，3班也可以打破界限互相參與或交流的空間，如果碰到參觀的人士也很明確的看到我們在做些什麼活動。

就以上學期「春天」主題為例，除了在班上與幼兒共同布置情境外，也走到戶外踏青，連接著依照育航願景及指標，設計多元智能的遊戲，達到幼兒全人發展的目的。到了下學期希望將教學的深度加深、加廣，在進行主題活動我們還是依照育航願景及指標也顧及到4、5歲幼兒的基本能力指標，教室內規劃學習中心的活動，提供幼兒探遊多元智能的活動、可看出老師的用心經營的理念。

除了班上自己的學習中心外，每星期一次的全園學習中心從幼兒手上接到各個中心帶回來的學習單，更清楚各個學習中心老師安排設計的課程，活動是多元的、有巧思的配合幼兒身心發展，而不是單一的教學活動。

從主題架構圖來說，八大智能各有優點所在，以肢體動覺智能是透過身體感覺來思考在學習上有演戲、動手操作、體能、觸覺經驗的動、靜配合……等。今年蘋果班安排肢體動覺中心為了讓幼兒喜歡到肢體中心來玩，老師也增添一些好玩的教具吸引幼兒的到來，當然我們也連結著「好玩的遊戲」主題，在教室也和幼兒一起美化，利用瓶瓶罐罐製作一些好玩的玩具。在肢體動覺我們重視肢體上的接觸如擁抱、握手、微笑及如何與人溝通表達說「我想和你一起玩好嗎？」的語句，在身手敏捷也訓練感覺統合玩一些體能器材或跑、跳、鑽、爬動作、小肌肉也希望嘗試黏土工，用觸摸不同的素材或玩穿木珠、編織等，也可以進行手工技能的活動訓練，助長手眼動作協調，往往在分享活動時有熟悉的面孔，問來過幾次？2至3次，為什麼？因為肢體動覺中心很好玩，我們班上沒有這些遊戲的玩具，孩子的回答，讓我很欣慰及肯定自我，想到如何吸引孩子課程的安排是很重要的，要好玩的、刺激的，當然安全也要注意。可見

得，教學是百年樹人。

在進行教學中老師要邊記錄邊修正自己的教學、並要檢核是否符合課程地圖中的關鍵問題並與評量要能契合在一起才是完整的一個主題活動。

這學習謝謝園長安排一系列的講座，邀請陳子軒教授、倪鳴香教授、田耐青教授來園。每位教授上課的內容都很精彩，陳子軒教授說：「碰到陌生的人也可以愷愷而談，可以打破彼此間的介蒂。」倪鳴香教授利用小團體式談話，讓大家來分享各自經驗談，並且說：「這就是行動研究的體裁啊！」田耐青教授對多元智能研究多年，以經驗談及實例，我們對多元智能教學更深層的認識，也希望來園指導，吳淑玲老師的繪本製作，真是提供我們腦力激盪及振奮的精神，老師更毫無吝嗇提供找一些題材的上網訊息，如果時間允許下不仿嘗試做做，只是我們要先釐清自己要些什麼？所要的目標在哪裡？凡事一步一腳印，是否能將腳步站穩基礎穩定後，再來蓄意待發，會來的實際些呢？

(八)與多元智能共舞——楊繼敏、劉麗毓

要跳好「多元智能」這支舞，確實是不容易的。

臺北市立育航幼稚園在92學年度起，努力地將多元智能融入教學中，企圖藉多元智能的理論來開啟幼兒的優勢智能，並以遷移弱勢智能的學習。這一路來，我們猶如初學舞般地學習著，學習聆聽這首曲子的旋律與拍子，學習踩踏基本的腳步與動作，我們更期望能發揮創意融會貫通，編一齣屬於育航幼稚園「多元智能」的歌舞劇。

但，即便我們都是擁有多年幼教經驗的教師，面對這不熟悉的理論，我們還是得生澀地練習，藉由多位專家學者的指導與研習課程，數不清的會議討論與溝通，這其中有爭論、有質疑、有共識，也有辛苦與歡笑。這些重要的歷程，其實都是教師們為了要給孩子一個最好的學習環境，大家秉著不願孩子當作被實驗的白老鼠的心情，我們一方面想要在基本腳步穩健下再進行，但另一方面，也有人覺得不實作又如何熟練舞步，在彼此的堅持與退讓間，我們逐漸營造「多

元智能」的氛圍旋律。

　　要將「多元智能」理論落實在教學中，我們除了將主題課程的活動以 8 大智能來設計、分析與歸納，主要目的是利用多元智能的理論，配合「課程地圖」、「心智地圖」等方式來檢視主題教學中是否有不足夠或是重複的部分，亦可將整個學年的課程做延續、連貫。我們每週也都進行「光譜學習中心」，用以提供孩子發揮不同智能的環境與素材，採用全園跑班的方式（一個班一個學習中心），孩子可自由選擇不同的學習中心探索，及擴展與其他班級的幼兒互動之機會。以滿足幼兒個別的需求、展現幼兒個別的優勢智能及引導其弱勢智能的提升，以及展現課程之多元、充實與豐富性，而超越主題探索範疇的有限性，以提供不同智能領域的學習活動及多元智能發揮機會，且均衡班級主題探索的範疇。

　　我們更積極推動、努力地落實教師協同教學方面，全園教師依據自己的專長規劃學習中心之情境、課程，展現各位教師在各領域的專業與知能，提供了多元的「發現」與「深度學習」的空間；各教師並依據所觀察到的幼兒表徵行為，結合各學習中心的評量進行客觀性的評量，此與班級主題的評量結合，表現了幼兒實質、整體的學習成果。另外園長更積極與教師進行對話，以了解我們在專業智能上的需求，故安排一系列的研習活動，有：盧教授美貴以「訪視本學期各種檔案之建置」引導教師思索、修正教學檔案的建置；徐教授德成在「藝術課程在幼教課程的理念與發展」之研討中，提供教師如何引導幼兒的創作力及培養敏銳觀察力的技巧；張教授德銳以「教學檔案與教師專業發展」，讓老師在教學實務上能有系統的整理和規劃；另外在蔡佳燕、張佩韻教師提引我們在「課程地圖在創意教學之應用」中習得運用課程地圖、關鍵問題之相關概念來統整課程之流動性、寫實性及豐富性；田耐青等教授主講的「運用繪本與活動帶領兒童認識自己的多元智能」同時也牽引老師以敏銳的感知來賞析兒童的創作；更有倪鳴香教授以「生命經驗書寫」開啟教師由自我對生命經驗的詮釋以至對兒童生命經驗的賞識……。教師透過一連串相關的研習及教學觀摩

等來進行內在對話，探索個人信念與價值觀；增進自我概念、促進專業發展的體驗歷程，教師能透過分享與回饋分析、思考和檢視教學之成效。

「多元智能 E 化評量」的進行，則是結合全園的願景指標、學力指標，配合班級主題活動內容進行評量，在評量系統中可以看出全班孩子的智能曲線圖，以及孩子個別的曲線與評語。這樣也就符合田耐青（2004）所提出教師在教學上應用多元智能理論的三種模式：Teach for MI——提供發揮智能的舞臺與鷹架、Teach through MI——利用多元管道引導學習、Teach about MI——認識自己的智能分布，發展能力。

經過這兩年的經驗累積與修正，育航幼稚園多元智能的基本舞步似乎已逐漸成型，我們可以很肯定的說「多元智能」理論對於幼兒學習是有幫助的，但是，這三種比重該如何拿捏？彼此間要如何發揮最大的效能，而不會相互抗衡？這些都是我們未來需要討論與拿捏的，目前我們著手要進行的是要將全園性改變為班群性，例如：教學主題以班群為主來討論概念網；學習中心活動改變為班群的學習中心。班群間因主題大概念相同而有交集，或許可帶給不同班級孩子其他的刺激。但改變的成果是無法百分之百預設好的，育航幼稚園「多元智能」的歌舞劇或許早已悄然上演，許多支持的觀眾（教授、參觀者與家長）的鼓勵與喝采都是我們繼續往前的動力，回首這一路是辛苦的，未來的路相信更需加倍努力。

夥伴們，屬於育航幼稚園「多元智能」的旋律已經響起，我們要快樂地繼續跳著吧！

㈨多元的學習活動，不同的生活體驗——何嘉盈、林春蘭

一年來育航幼稚園在園長積極求進步的企圖心帶領下，在教學模式、活動評量、觀察記錄、評量模式……等均有顯著的改變：從指導教授專題講座、專書研讀心得分享、同行教師研究心得分享、友園參觀、園內教學觀摩與多次教學會議討論、實際教學模式嘗試……目的是要讓現場教學的老師快速認識「多

元智能教學」的魅力與優點。外觀上是不同教學技巧的體驗，內在思想上則是能提醒重視孩子不同的智能發展層次，進而引導孩子運用優勢智能的學習經驗牽引弱勢智能的增長。

學習活動的成功與否在於現場的師生均有所得。孩子敏銳的觀察與心得分享最能真實呈現實際情況。在此剪輯幾段教學時的花絮與大家分享：

1. 初期——介紹學習中心位置

師生一起在園內「發現」有哪些學習中心，孩子們沿著教室走廊上的「學習中心標示牌」興奮說著：「這間是空間學習中心，那間是音樂學習中心……」

走近廚房位置時小閔搶著說：「老師！我知道這裡是廚房學習中心……」。

2. 中期——學習中心體驗心得分享

老師請孩子分享今天在學習中心做了哪些「事」，輪到害羞的小聿站在大家面前說不出話，卻是一個勁比畫出「削東西」的動作，老師問了又問知道她今天去了「音樂學習中心」，猜了又猜還是不知道在那中心發生了什麼事，最後她在老師耳邊小聲的說：「削蘿蔔啦！」（原來是玩樂器「刮胡」的動作體驗）。

3. 熟練期——人際學習中心團體討論

老師與孩子討論如何「交朋友」，孩子七嘴八舌搶著說：「握握手、說名字、自我介紹、一起玩、聊天……」。大草莓的孩子語出驚人：「打麻將！」大人們的一舉一動孩子可是看在眼裡呢！（該生家中常有人打麻將，甚至因此耽誤孩子的上學時間）。

一路走來孩子的快樂學習看在我們的眼裡，這些學習活動的問題我們逐步

修正。有人在一起就會有故事發生，屬於我們「育航的故事」繼續上演，還有更精采的戲碼等著上映，你我一起期待嘍！

㈩看見彩虹之美——許明珠

「課程領導」是課程改革的關鍵要素，園長是學校本位課程發展成功與否的關鍵人物。園長在園務經營管理時，除了扮演行政領導的角色外，更扮演著課程領導的角色，帶領全體教職員工，發展幼稚園本位課程，以展現園所的風格與特色（許明珠，2005）。

育航幼稚園是臺北市兩所獨立園區之一，擁有一大片庭院，讓幼兒有機會親近、觀察、探索大自然。在全體教職員工用心經營下，落實幼教理念，園區規劃精緻溫馨，教學多元活潑，是各大專院校幼教科系教授進行研究及學生實習的理想園地，更是臺北市幼教的櫥窗，因此，如何帶領成員發展育航本位課程特色，即成為本人課程領導的重要任務。為了形塑具有特色之本位課程，我們聘請盧美貴教授蒞園指導，經由討論就目前幼教發展現況及發展趨勢，透過一系列研習活動，重新思索育航幼稚園的願景與本位課程發展方向。

在面對課程轉型的過程中，雖然遇到許多挑戰，但育航全體成員們在美貴教授的牽引下總是將困難化為喜樂，以「甘願做、歡喜受」的心情，大家同心協力朝向願景目標邁進，在帶領成員形塑課程的歷程中，讓我有以下的觸動：

1. 願景的形塑是需要全體同仁一起討論取得共識而形成的，在形塑之初，意見紛歧是必經之過程。

2. 願景如同一盞明燈指引我們改革的目標與方向，讓我們得以依願景形塑並發展育航的課程架構與特色。

3. 園長在課程領導歷程中應扮演著溝通者、輔導者、激勵者、諮詢者、反省者的角色，隨時反省自己的作為並提供教師支持與協助。在課程轉型的過程中，難免會有人質疑與觀望，園長要設法讓同仁們了解改變的目的與價值，並透過專家指導與討論，以釐清問題。對於，認真跟進的同

仁多給與鼓勵與支持；對於質疑與觀望者要給與協助，引導並激勵他們跟進發展本位課程。

4. 面對課程轉型教師們應彼此提供有關課程活動的想法、分享，提出善意的批評與建議。

5. 教學的實施除了全體教職員工協同教學外，也可以邀請社區中的成員及家長一同參與園內各項活動，更可向不同領域的專家請益。

6. 如果改變是能提供幼兒更好的學習內涵，就值得大家去接受挑戰。學校課程的轉型不是靠少數人的努力與熱忱，而是要靠大家同心協力，才能延續下去的。

7. 每個幼兒都是獨一無二的個體，我們應因材施教，並提供機會讓每位幼兒展現其優勢智能、遷移其弱勢智能，將其帶上成功的人生舞臺。

8. 多元智能的理論適用於幼兒階段的教育。

9. 在課程轉型的過程中，老師透過不斷地思考與嘗試的過程中成長，園長在過程中更應落實評鑑機制，以檢視課程發展的過程是否有疏失？若有缺失應立即檢討修正。

Gardner 曾經強調，多元智能理論並不是教育的目標，它只是一個協助我們達到真正教育目標的工具。我們追求的是培養幼兒的 8 種智能，更要培養一個有自信、喜歡學習，充分發展及利用各種潛能的幼兒（Gardner, 2001）。天生我才必有用，每個幼兒都有自己天生的氣質也有與生俱來的能力，在教學過程中，我們應因材施教，提供多元創意的教學活動，引導並了解幼兒的優勢智能，將每位幼兒帶上成功的人生舞臺。

育航在發展育航本位課程的課程領導歷程中，非常感恩盧美貴教授的指導與引領，讓育航在發展本位課程中走得更平穩。在發展本位課程過程中，我們透過不斷對談與分享的機制，大家同心尋找解決策略，整個歷程中辛苦與歡樂交集。然而，我們也看見每位幼兒獨一無二的不同，更開啟了每位幼兒的多元智能。這樣的歷程恰似藍天與彩虹共舞後，終現七彩絢麗彩虹的光環，絢麗的

彩虹印在每個孩子的臉龐，讓我們看見每個天才。更讓我們體會到，一個園的進步與成長是要靠全體成員共同努力的，唯有全體成員攜手同心、共築願景，才能形塑出幼稚園本位課程的特色與風格。相信，育航幼稚園在整個轉型的歷程中最大的收穫者是屬於肯學習、肯付出、肯分享的人，相信，只要我們有心、有願，就會有力實現「MI 大能力教育，3C 新世紀領航」的願景目標。

二、展望

　　育航親師生在經歷「喚醒（awaken）→擴展（amplify）→教學相長（teach）→遷移（transfer）」的多元智能課程洗禮過程，展現出更有系統脈絡的課程發展。藉由願景「MI 大能力教育，3C 新世紀領航」，期盼教師們以愛心、耐心及專業的知能，依幼兒的發展需求、興趣及能力，引領幼兒進入學習的殿堂，透過多元活潑教學擴展幼兒優勢智能及提升弱勢智能，藉以開啟幼兒多元智能。

㈠凝聚全園共識

　　我們運用教學會議、成長團體、園內外觀摩研習、本位課程專業知能研習……等方式，凝聚教師意願、提升教師專業能力；利用園務與教學會議來凝聚成員共識，協調溝通人事、經費、時間、課程等方面問題，並藉以督導行政部門支援教學活動。此外，也向家長宣揚本位課程理念，並招募愛心家長服務團、義工，建立家長資源網，將「家長資源網」以及「社區資源」納入「支持系統」，積極尋求家長支援行政與教學系統。

㈡形塑本園願景與課程特色

　　我們秉持育航創園的精神、沿革及社區環境特色、硬體設備、教師背景、幼兒能力、家長期望等方面進行背景分析。配合時代脈動、教育改革方向、教

育局年度發展重點工作，及目前幼教發展現況與趨勢，重新思索育航幼稚園的願景「MI 大能力教育，3C 新世紀領航」與發展方向。

落實檔案及 E 化評量，彙整本園幼兒基本能力及多元智能觀察評量，搜集評量幼兒個人與核心項目表現，以建立幼兒成長檔案。

㈢形塑育航本位課程

全體教師根據願景與幼稚園整體課程規劃，發展屬於育航幼稚園的本位課程內涵，運用多元智能理論進行主題教學，設置光譜學習中心提供幼兒自由探索、建構的學習情境，藉由評鑑的回饋機制不斷修正課程發展方向。

㈣運用「心智地圖」與「課程地圖」系統化工具

運用「心智地圖」與「課程地圖」做為形塑育航幼稚園本位課程之系統化工具，以檢核育航幼稚園校本課程的發展與盲點，在資訊師助理的協助下本園教師學會利用電腦及周邊設備，增進教學成效。

㈤彙整出版

由於 94 年度專案計畫提供我們與學者專家互動的機會，我們除了準備彙整出版，更擬訂與童書繪本結合的 teach about MI 的方向，育航全體親師生正準備全力以赴。

第十五章
結語——回首天藍再出發

教師從一個教室的「權威者」，搖身而變成隨時要與他人互動討論的「分享者」不是一件容易的事。陌生與恐慌是必然的事實，「學習社群」（community of learning）的建立可以幫助教師免於「孤獨」的掙扎與焦慮；同樣地，父母從原來只注重孩子的分數結果到參與孩子學習歷程，不習慣與牢騷不滿是可以想見的。社群感（sense of community）主要塑造一種支持性的文化（Cohn & Kottkamp, 1993），讓教師清楚地知道教育改革是在協助教師專業發展與尋回喪失已久的「武功」；這種社群感同時也可以讓家長體認自己是學校教育的夥伴，因而主動自發地參與這一波教育改革的行動。

「學習社群」的組織建立需要時間，「課程地圖」及其 E 化的運用想來也是費時費力，然而系統是值得建構的。「課程地圖」的運用對國內幼稚園（托兒所）以至十二年級的教學而言，在統整課程及評量上都還算是陌生的處女地帶，育航團隊的群策群力與鍥而不捨是值得肯定的；老師們表現不夠成熟與美善的地方也盼讀者們的包容，畢竟跨出「第一步」是不容易的。

擁有五十幾年悠久歷史的育航幼稚園，在歷經如同毛毛蟲吐絲結繭、破繭而出、展翅翱翔等型塑願景與課程特色的歷程中，雖然遇到許多的困難，但由於我們蛻變的勇氣與決心，讓我們不畏辛勞，勇往直前，透過不斷的對談、分享與修正彼此的教育理念與觀點，將困難化為喜樂，以甘願做歡喜受的心情，朝向願景目標邁進，並與社區及家長密切互動，攜手實踐本園願景與目標。

願景如同一盞明燈指引我們改革的目標與方向，讓我們得以依願景形塑並發展本園的課程架構與特色。我們透過各種專業成長會議，提升教師專業知能。並向家長宣揚本位課程理念，招募愛心家長服務團、義工，建立家長資源網，積極尋求家長支援行政與教學系統。

運用多元智能理論進行主題教學，並設置光譜學習中心提供幼兒自由探索、建構的學習情境，重視特殊幼兒教育，依幼兒之需求實施融合教育。全體教師根據願景與幼稚園整體課程規劃，發展屬於育航幼稚園的本位課程內涵，並藉由評鑑的回饋機制不斷修正課程發展方向。提升電腦及週邊設備增進教學成效，運用「心智地圖」與「課程地圖」做為形塑育航幼稚園本位課程之系統化工具，使教學活動脈絡得以完整且系統化呈現。

在願景與課程實踐的歷程中，我們看見彩虹之美——每個幼兒都是獨一無二的個體。天生我才必有用，每個幼兒都有自己天生的氣質也有與生俱來的能力。我們因材施教，提供多元創意的教學活動，引導並了解幼兒的優勢智能，適性教育。提供機會讓每位幼兒展現優勢智能、遷移弱勢智能，將每位幼兒帶上成功的人生舞臺。

一個園的進步與成長是要靠全體成員共同努力的，育航幼稚園是臺北市兩所獨立園區之一，我們期許成為臺北市幼教標竿園所。在育航全體成員攜手同心之下，我們共築願景，形塑具有特色與風格的課程內涵。我們有夢、有願景、更有實踐的腳步，終能破繭而出，展翅遨翔在多元智能世界裡，進而實現「MI大能力教育，3C新世紀領航」的願景。

參考文獻

一、中文部分

田耐青（譯）（2002）。Sliver 著。統整多元智能與學習風格（So each may learn）。臺北：遠流。

吳麗君（1997）。解讀英國小學的文化圖像。國立臺北教育大學學報，**13**，33-64。

呂錦珍（譯）（1996）。標竿學習——向企業典範借鏡。臺北：天下文化。

宋文里（譯）（2001）。J. Bruner 著。教育文化——文化心理學的觀點（The culture of education）。臺北：遠流。

李弘善（譯）（2001）。發現和探索心智習性。臺北：遠流。

周淑卿（2002）。課程政策與教育革新。臺北：師大書苑。

林嘉玲（1995）。向高標準學習挑戰的手法——標竿研究（Benchmarking）。

工業簡訊，25（7），103。

洪世昌（2001）。標竿分析與 ISO 11620 於圖書館績效評估之運用。國立臺灣師範大學圖書館通訊，48，5-6。

張稚美（2000）。學校實踐多元智慧論的方針和挑戰。教師天地，106，14-21。

莊明貞（2001）。九年一貫試辦課程實施：問題與因應策略。教育研究月刊，85，27-41。

陳伯璋（2003）。實踐智慧（Phronesis）與校長課程領導。載於歐用生、莊梅枝（主編），邁向課程新紀元（十五）──活化課程領導（頁 3-17）。臺北：中華民國教材研究發展學會。

陳慈娟（2004）。幼稚園園長課程領導。臺北市立師範學院國教所幼教教學碩士論文，未出版，臺北市。

葉嘉青（2002）。因材施教：多元智慧之光譜計畫的經驗。臺北：心理。

臺北市政府教育局（2001）。多元智能的評量工作坊手冊。臺北：中華資優教育學會、國立台灣師範大學特殊教育中心。

劉昭良等（譯）（2004）。Sherwood D. 著。系統思考（Seeing the forest for the trees）。中國：機械工業出版社。

歐用生（2000）。課程改革。臺北：師大書苑。

鄭照順（2004）。心智地圖與教學。師友，450，49-52。

盧美貴（2003）。我國五歲幼兒基本能力與學力指標之建構研究。臺北：教育部國民教育司。

盧美貴（2003）。幼兒教育課程發展理論與實務。臺北：學富。

戴保羅（譯）（1999）。學習地圖：21 世紀加速學習革命。臺北：經典傳訊。

蕭德蘭（譯）（2004）。心智地圖。臺北：天下文化。

二、外文部分

Andersen, B., & Per-Gaute Pettersen (1996). *The benchmarking handbook: Step-by-step insturction*. London: Chapman & Hall.

Cohn, M. M. and R. B. Kottamp (1993). Teachers. *The Missing Voice in Education. State*. University of New York. Press, Albary, NY.

Gardner, H. (1983). *Frames of mind: The theory of multiple intelligences*. NY: Basic Books.

Gardner, H. (1999). *Intelligence reframed: Multiple intelligences for the 21ˢᵗ century*. NY: Basic Books.

Jacobs, H. H. (1997). *Mapping the big picture-integrating curriculum & assessment k-12*. Association for Supervision and Curriculum Development (ASCD), U.S.A.

Jacobs, H. H. (2004). *Getting results with curriclum mapping*. Association for Supervision and Curriculum Development (ASCD), U.S.A.

Pinar, W. (1995). *Understanding curriculum*. N. Y.: Peter Lang.

國家圖書館出版品預行編目資料

課程地圖：統整課程與幼稚園到十二年級的評量／
Heidi Hayes Jacobs 著；盧美貴等譯.
--初版.--臺北市：心理，2006（民95）
　面；　公分.--（幼兒教育；100）
參考書目：面
譯自：Mapping the big picture: integrating curriculum &
assessment K-12
ISBN 978-957-702-937-9（平裝）

1. 課程　　　　　　2. 教育測驗

521.7　　　　　　　　　　　　　　　　95017309

幼兒教育 100　課程地圖：統整課程與幼稚園到十二年級的評量

作　　　者：Heidi Hayes Jacobs
策劃與校閱：盧美貴
譯　著　者：盧美貴、謝美慧、許明珠、昌志鵡、郭家華、陳盈詩、陳青怡、
　　　　　　姜孟婕、詹喬雯
執行編輯：高碧嶸
總　編　輯：林敬堯
出　版　者：心理出版社股份有限公司
社　　　址：台北市和平東路一段 180 號 7 樓
總　　　機：(02) 23671490　傳　真：(02) 23671457
郵　　　撥：19293172　心理出版社股份有限公司
電子信箱：psychoco@ms15.hinet.net
網　　　址：www.psy.com.tw
駐美代表：Lisa Wu　tel: 973 546-5845　fax: 973 546-7651
登 記 證：局版北市業字第 1372 號
電腦排版：龍虎電腦排版股份有限公司
印 刷 者：翔盛印刷有限公司
初版一刷：2006 年 10 月
初版二刷：2007 年 10 月

讀者意見回函卡

No. _____   填寫日期：　年　月　日

感謝您購買本公司出版品。為提升我們的服務品質，請惠填以下資料寄回本社【或傳真(02)2367-1457】提供我們出書、修訂及辦活動之參考。您將不定期收到本公司最新出版及活動訊息。謝謝您！

姓名：_____　性別：1□男　2□女

職業：1□教師 2□學生 3□上班族 4□家庭主婦 5□自由業 6□其他____

學歷：1□博士 2□碩士 3□大學 4□專科 5□高中 6□國中 7□國中以下

服務單位：_____　部門：_____　職稱：_____

服務地址：_____　電話：_____　傳真：_____

住家地址：_____　電話：_____　傳真：_____

電子郵件地址：_____

書名：_____

一、您認為本書的優點：（可複選）

　　❶□內容 ❷□文筆 ❸□校對 ❹□編排 ❺□封面 ❻□其他____

二、您認為本書需再加強的地方：（可複選）

　　❶□內容 ❷□文筆 ❸□校對 ❹□編排 ❺□封面 ❻□其他____

三、您購買本書的消息來源：（請單選）

　　❶□本公司 ❷□逛書局⇨_____書局 ❸□老師或親友介紹

　　❹□書展⇨____書展 ❺□心理心雜誌 ❻□書評 ❼其他_____

四、您希望我們舉辦何種活動：（可複選）

　　❶□作者演講 ❷□研習會 ❸□研討會 ❹□書展 ❺□其他____

五、您購買本書的原因：（可複選）

　　❶□對主題感興趣 ❷□上課教材⇨課程名稱_____

　　❸□舉辦活動 ❹□其他_____　　　　（請翻頁繼續）

| 廣 告 回 信 |
| 台 北 郵 局 登 記 證 |
| 台 北 廣 字 第 940 號 |

（免貼郵票）

 心理出版社 股份有限公司

台北市 106 和平東路一段 180 號 7 樓

TEL: (02) 2367-1490
FAX: (02) 2367-1457
EMAIL:psychoco@ms15.hinet.net

沿線對折訂好後寄回

六、您希望我們多出版何種類型的書籍

❶□心理 ❷□輔導 ❸□教育 ❹□社工 ❺□測驗 ❻□其他

七、如果您是老師，是否有撰寫教科書的計劃：□有□無

書名／課程：＿＿＿＿＿＿＿＿＿＿＿＿＿＿＿＿＿＿＿

八、您教授／修習的課程：

上學期：＿＿＿＿＿＿＿＿＿＿＿＿＿＿＿＿＿＿＿

下學期：＿＿＿＿＿＿＿＿＿＿＿＿＿＿＿＿＿＿＿

進修班：＿＿＿＿＿＿＿＿＿＿＿＿＿＿＿＿＿＿＿

暑　假：＿＿＿＿＿＿＿＿＿＿＿＿＿＿＿＿＿＿＿

寒　假：＿＿＿＿＿＿＿＿＿＿＿＿＿＿＿＿＿＿＿

學分班：＿＿＿＿＿＿＿＿＿＿＿＿＿＿＿＿＿＿＿

九、您的其他意見

＿＿＿＿＿＿＿＿＿＿＿＿＿＿＿＿＿＿＿＿＿＿＿

謝謝您的指教！　　　　　　　　　　　51100